एक भाषा हुआ करती है

एक भाषा हुआ करती है

उदय प्रकाश

वाणी प्रकाशन

वाणी प्रकाशन

4695, 21-ए, दरियागंज, नयी दिल्ली 110 002

फ़ोन : +91 11 23273167 फ़ैक्स : +91 11 23275710

शाखाएँ

अशोक राजपथ, पटना 800 004, बिहार

कॉफ़ी हाउस कैम्पस, महात्मा गांधी मार्ग, इलाहाबाद 211 001, उत्तर प्रदेश

महात्मा गांधी अन्तरराष्ट्रीय हिन्दी विश्वविद्यालय, वर्धा 442 001, महाराष्ट्र

सुल्तानिया रोड, मोतिया पार्क, भोपाल 462 001, मध्य प्रदेश

www.vaniprakashan.com
marketing@vaniprakashan.in
sales@vaniprakashan.in

EK BHAASHAA HUAA KARATI HAI
by Uday Prakash

ISBN : 978-93-89915-07-5
Poetry Collection

प्रथम संस्करण 2020

सिटी प्रेस, दिल्ली-110 095 में मुद्रित

वाणी प्रकाशन का लोगो मक़बूल फ़िदा हुसेन की कूची से

नेमिचन्द्र जैन और कोमल कोठारी

की

स्मृति को सादर

'बेचैन वेदना को
ऋण—एक राशि के वर्गमूल में डलवा—गलवाकर
उसको शून्यों से शून्यों में ही विभाजित करवा
चलवा दिया है स्याह स्टीमरोलर
(हमारे) इस जीवन पर!!
वह कौन?
अरे वह लाभ—लोभ की अर्थवादिनी सत्ता का
विकराल राष्ट्रपति है!!

जिसके बँगले की छाया में तुम बैठे हो।
हाँ, यहाँ, यहाँ!!'

गजानन माधव मुक्तिबोध

अनुक्रम

यह जो किसी क़दर बचा-खुचा जीवन है धन्यवाद

जलते हुए दृश्य में अपने पंख बचाते हुए

एक भाषा हुआ करती है

यह जो किसी क़दर बचा-खुचा
जीवन है धन्यवाद

मैं यहाँ हूँ

देख लो
कोई नहीं सोया है इस चन्द्रमा जैसे शरीर से लिपटकर

एक छोटे–से सँकरे कमरे में
जागता हुआ अकेला आधी रात
सिर्फ़ एक अपमानित आत्मा जो छोड़ना चाहती है धीरे–धीरे
अपना केंचुल

समय त्वचा से गुज़रता है अपनी तेज़ाब के साथ
स्मृतियाँ शिराओं में जमती हैं ख़ून की गाँठों की तरह
हृदय का धड़कना रोकने के लिए

एक आवाज़ है वर्षों पहले की पुकार बचपन की
बाढ़ में डूबी नदी के पार आधी रात कोई व्याकुल टेर
फिर जो डूब जाती है धार के भीतर

एक बच्चा दिखता है कहीं कुछ खोजता हुआ
फिर कन्दील भभककर बुझ जाती है,
क्या वह मेरे अलबम का कोई फ़ोटोग्राफ़ है

कितने बरस हुए किसी ने नहीं छुड़ाई पीठ की मैल

अब तो वहाँ कई घाव भी हैं
माँ को भरोसा था मेरी दायीं बाँह में जो तिल है वह हर जुए में
दिलायेगी जीत
विपदाओं में पार लगायेगी पतवार बनकर

अब हर बार हारा हुआ यह माथा है
अकेला अपनी आत्मा से लाचारी के साथ क्षमा माँगता हुआ
इसे अभी उठाऊँगा तो यह अपनी ही गति से अपनी ही दिशा में जायेगा
मुझे उपेक्षा, उदासी और थोड़े से ग़ुस्से के साथ देखता हुआ

मैं इसी में हूँ
देह में या आत्मा में या इस सँकरे अँधेरे कमरे में
या अपनी स्मृति में
इन सबसे छूटने का प्रयत्न करता हुआ।

एक लिखी जा रही कविता का पहला ड्राफ्ट

(अपने प्रिय कवि और साथी मदन कश्यप के लिए)

बाहर सड़क पर जहाँ ख़ुल्ला समाज है वहाँ हम
असुरक्षा, घृणा, भय और भूख को निर्लज्जता के साथ
अपनी विकट मुस्कुराहटों में ढँकते
पाँत में बैठे हैं आधी से भी अधिक सदी से
अपनी पगार और मजूरी माँगते
न भिखारी हैं न गिरहकट न साधू न बाज़ीगर न मजमेबाज़
न भाँड न दरबारी

एक–एक ईंट जोड़ी है
मिट्‌टी दुख बालू आँसू सिरमिट पसीना बदहवासी को
अपने जीवन में सानते हुए गारा बनाकर
अभावों के बेचैन उनींदे रन्दे चलाये हैं हमने
शीशम–सागौन के बेशक़ीमती नक़्क़ाशीदार
चौखट–दरवाज़ों पलँगों–सिंहासनों पर
इसी राजधानी की किसी भी भाषा और
भवन की सीढ़ियों पर झुककर तो देखो ज़रा
हम, हमारे पुरखे, हमारी सन्तानें बाज़ाब्ता दफ़्न हैं यहाँ
उन्हीं के ऊपर बूट धरते कामयाब लोग जाते हैं
संसद और शॉपिंग मॉल

अकादेमी और संस्थान, विश्वविद्यालय और बिड़ला मन्दिर
एक दीवार उठाई है हमने कि हो अपना भी कहीं ठौर
और सौ ठोकरें हज़ार अपमान झेले हैं
एक खिड़की निकालने पर देखो
हमारी पीठ पर करोड़ों कोड़ों के लहूलुहान घाव हैं
एक रोशनदान बनाने के एवज़ में मुजरिमों की तरह
दिन–रात थाने पर बिठाया गया है हमें
पुलिसिया जुल्म ढाये गये हैं

कोई गिनती है कितने बनजारा कितने दयानायक कितने मेमन
कितने दारा सिंह आपने नियुक्त कर रखे हैं
राष्ट्रीय संस्थानों में हमारे ख़िलाफ़?

एक छत डाली है
बारिश और बिजलियों से अपने बच्चों की हिफ़ाज़त में
और हमारा सारा इतिहास और समूचा भविष्य
अगवा कर लिया गया है
फ़िरौती माँगी गयी है हमसे लगातार चुप्पी की

एक कन्नी चलाई है ख़ून रिसती उँगलियों से हमने
अपने हज़ार साल के हुनर की
हमारी आत्मा को
बूटों और विवादों तले रौंद दिया गया है

अगर हम चुप रहे हैं और ग़मगीन तो हिदायत दी गयी है सख़्त
'हँसो–हँसो, जल्दी हँसो कि फूलने–फलने लगे हैं लोग...'

ऐसा क्यों है कुछ बतायेंगे आप
कि किसी भी हाल में हमारा रहना
और किसी भी तरह कहीं भी हमारा बसना
चैन छीनता रहा सदा आपकी
मशक़्क़त और ईमान की बुनियाद पर टिके हमारे घर
खटकते रहे आपकी बाज़ क़ाफ़िर आँखों में
हज़ारों–करोड़ों अभागे बाबरी मस्जिदों की तरह

हम फ़क़त आँकड़े
और हमारी छतें और दीवालें सिर्फ़ ढाँचे क्यों रह गये हैं
कभी प्रगतिशील
और कभी धार्मिक हुकूमत वाले इस मुल्क के दस्तावेज़ों में
कुछ रोशनी डालेंगे विद्वान् सलाहकार महोदय?
एक गुम्बद एक मेहराब उठाया है हमने
कि आकाश कुछ और क़रीब आ जाये पृथ्वी के
और रहस्यों के उजास में झिलमिलाती गाथाओं
और अलौकिक अनजान ज़िन्दगियों से भरे
अनगिन झिलमिल नक्षत्रों को सब के सब अपनी–अपनी
उँगलियों से छू लें
अन्तरिक्ष के निर्वात को वे बच्चे भर दें
अपनी पवित्र साँसों की भाप और किलकारियों से
जो कैडबरीज़ नहीं खाते, जिनके नसीब में नहीं है
दून और ऋषि वेली पब्लिक स्कूल
जो बन नहीं सकते 'इंडियन आइडल' या 'वॉयस ऑफ़ इंडिया'
वो बच्चियाँ जिनकी नियति में है एक दिन कोई सोनागाछी
कोई कमाठीपुरा कोई फाकलैंड
या फिर आपकी कोठियों का गैरेज–कम–सर्वेंट क्वार्टर

वे जो कुचल दिये जायेंगे

किसी नाइट क्लब से अपनी धुत्त बिंदास दोस्त को आधी रात नशे में
चूमते हुए लौटते
महान् एन.आर.आई. भारतीयों के बी.एम.डब्ल्यू. या मर्सिडीज़ कार के
स्पेशल रेडियल टायरों के नीचे
फुटपाथों में गहरी नींद में उस नाज़ुक पल
जब वे किसी आई.टी. सिलिकॉन कॉम्प्लेक्स, किसी रिसॉर्ट या किसी विशाल बाँध में डूबे
अपने गाँव और घर
के स्वप्न देख रहे होंगे

पूरी कायनात, सारी दुनिया में
आज तक कभी न देखी गयी एक मीनार उठाई हमने दिन–रात
कि अब आगे से तेज़ाब और बारूद नहीं
आकाश से पृथ्वी के गुरुत्वाकर्षण में खिंचकर
गिरें सिर्फ़ सराशार बारिश की लड़ियाँ और बौछारें,
ओस की शीतल साफ़ बूँदें, बर्फ़ के फ़ाहे और बादलों के टुकड़े
अन्तरिक्ष में कहीं भटकती हुईं अमर पुराने गानों की धुनें और बन्दिशें
बदले में देख रहे हैं आप?
हमारे चेहरे अफ़वाहों की आग में झुलसा दिये गये हैं
यन्त्रणाओं की सुरंग में झोंक दिये गये हैं हमारे बाल–बच्चे, हमारे परिवार

यक़ीन करिए, हम भी अकेले में
अपनी समूची आत्मा और अपने पूरे शरीर की सिहरन के साथ गाते हैं
ए.आर. रहमान का इंडिया गेट वाला हिट कॉमर्शियल

नेशनल सॉन्ग–
'माँ तुझे सलाम!'
अटेंशन खड़े हो जाते हैं मुँह का कौर थाली में छोड़कर
जब बजता है कहीं
'जय हे! जय हे!! जय हे!!'

अपनी ही भाषा और अपने ही लोकतन्त्र के भीतर
हम अबुगरेब के क़ैदी
अपने ही कुएँ का तेल, अपनी ही नदी का जल पीने से प्रतिबन्धित
हत्यारों के उत्सव–समारोह में अँगोछे में छुपाए अपना मुँह
बैठे हैं सबसे पीछे की क़तार के एक धुँधले कोने में
छाती दबाकर रोके हुए अपनी खाँसी और अपना बलग़म

कि आप सब ताक़तवर दलाल लुटेरे ख़ुशमिज़ाज महामहिम पी–खा कर
बोल–बाल कर जनता के ख़ज़ाने से लूट का असबाब समेट–बटोर कर
ख़ाली करें सभागार तो हम जाज़िम और कुर्सियाँ समेटें
झाड़ू लगायें
फिर किसी कोने में बैठकर चैन और इत्मीनान से
औलिया और राम का नाम लें
रोटियों के गस्से तोड़ें
पियें कण्ठ भर पानी
और वापस
अपने–अपने घर जायें।

छिपकली

आपके इस शहर के किसी भी मकान की दीवार पर
छत या छज्जे या गुम्बद के अँतरे कोने में

या फिर मुग़ल या ब्रिटिश शासनकाल के किसी महान्
स्थापत्य की
किसी कलात्मक नक़्क़ाशी की संध में
या फिर आप लोगों के ही शासनकाल के
किसी सीवेज पाइप या फ्लाईओवर की तलहटी,
संसद, विश्वविद्यालय या अकादेमियों की दरार में

या आयकर विभाग की आलमारी के पीछे
पुलिस थाने के पिछवाड़े

किसी भी अँधेरे में उच्छिष्ट में ग़र्द और रद्दी के ढेर में
सुलभ शौचालय की सीलनभरी छत या महानगरपालिका
के कूड़ाघर में

कहीं भी रह लेंगे हम
बस आप लोग छिपकलियों से डरें नहीं

आपके उबलते दूध के पतीले में नहीं गिरेंगे कभी

अपनी खीर में नहीं पायेंगे आप हमारी ज़हरभरी गली–पकी देह
सदा ध्यान रखेंगे आपकी नींद की अवधि में आपके सिरहाने हम कभी न रेंगें
आपकी क़ालीनों या तकियों के नीचे कभी नहीं पाये जायेंगे हम

नहीं आयेंगे आपके काव्यपाठ या व्याख्यान के दौरान
आपकी कुर्सियों या सभागार के ग़लीचों–परदों पर हम कहीं चिपके हुए नहीं दिखेंगे क़सम से
आपके विमर्शों, पत्र–पत्रिकाओं और सम्मानित काव्य–पंक्तियों के बीच
नहीं दिखेगा हमारा यह जैसा–तैसा अपने जैसा ही जीवन

भरोसा करिए, छिपकलियाँ
आपके सूप या शराब में कभी नहीं टपकेंगी
हर बार सुलाने और बिठाने पर हर बार आँख झपकाती
आपकी किसी चहेती बार्बी डॉल की फ़्रॉक के नीचे
कभी कोई धोखे से भी दिख जाये तो कहिए

आपके फ़ोन के रिसीवर पर कभी नहीं बजेगी घण्टी
हमारे कॉल की

अगर हम कभी दिख ही जायें बालकनी की बाहरी दीवार से लगे हुए
उदास किसी बीमार दार्शनिक की तरह
अपने जैसे ही ख़ामोश किसी मृतक या ईश्वर के बारे में
धूप में कोई गार्गिक स्वप्न देखते हुए
तो आप डरकर कृपया चिल्लाइएगा नहीं

इस शहर के लापता कबूतरों, चूहों
और बिजली के खम्भों पर किसी छायादार वृक्ष का स्पप्न देखते
बन्दरों तक को पता है
तिल जितनी भी नहीं है हिंसा हमारे भीतर
छोटे–मोटे कीड़ों–कचड़ों से पेट भरते कीटभक्षी डोम हम
आपके पर्यावरण के

छिपकलियाँ नहीं छिपी मिलेंगी आपके बैंक के लॉकरों या एकाउंट में
आपके पर्स या जेब में भला कैसे घुस सकती हैं बेचारी छिपकलियाँ
क्रेडिट कार्ड के चिकने लेमिनेटेड सतह पर तो उनकी हथेलियों का
अद्‌भुत निर्वात तकनीक भी काम नहीं कर पाता
अगर कविता या कहानी की सूची में न पाया जाये हमारा नाम
तो इसमें आश्चर्य कैसा

छिपकलियाँ भला कैसे पंजीकृत हो सकती हैं आपकी सभ्यता में
कैसे मिलेगा उन्हें रोज़गार, राशनकार्ड, टेलिफोन नम्बर
अकादमियों की 'हू इज़ हू' की डायरेक्टरी में कैसे हो सकता है
हमारा नाम

वैसे किंवदन्ती है एक
एक बार एक छिपकली घुस गयी थी मुसोलिनी की पतलून में
और भगदड़ मच गयी थी उसकी फ़ौज में

शायद तभी से हर मुसोलिनी
एक मामूली छिपकली से डरता है

जितना वह डरता है
हमारा यह मामूली–सा जीवन उतना ही
ख़तरों से घिरता है।

समकालीन साहित्य की केन्द्रीय समस्या

समकालीन साहित्य की केन्द्रीय समस्या यह थी
जो बार–बार सामने आती थी
कि हर बार हड्डी एक हुआ करती थी
और जबड़े कई एक

हर बार एक यही दृश्य बनता था
सबसे सुसंगठित, फुर्तीला और ताक़तवर
सुनियोजित तरीक़े से हड्डी ले भागता था

बाक़ी अस्थि–वंचित
अचानक दिखने लगते थे दार्शनिक या आध्यात्मिक
कोई–कोई उनमें से क़बीर के पद गाता था
किसी के क्रन्दन में क्रान्ति का ओज आ जाता था

एक–आध सुस्त और आलसी ऐसे थे
जिन्हें साहित्येतिहास में लगातार सोते हुए दर्ज किया गया था
वे अपनी अधमुँदी आँखें बीच–बीच में खोल देखते थे यह दृश्य
फिर बड़ी क़िस्मत से मिली साहित्य में थोड़ी–सी जगह में
अपनी देह सिकोड़ सो जाते थे

ज़ाहिर है उनका उल्लेख कहीं नहीं होता था

अकादमी की 'हू इज़ हू' में वे दर्ज नहीं थे
उनकी आवाज़ सिर्फ़ रात में कभी–कभी दूर सुनी जाती थी

शामत तो कमला जी, उन मरियलों की थी
जो हड्डी के आसपास भी नहीं पहुँच पाते थे
भूख ने उनको कटखना और लाचारी ने बेचैन बना डाला था
सब उनसे कतराते थे जिससे उनकी सूखती हुई नसों के
बचे–खुचे ख़ून में
रेबीज़ भर जाते थे

समकालीन साहित्य की अन्य महत्त्वपूर्ण विडम्बनाओं में से
एक विडम्बना यह भी थी डॉक्टर साहब
कि इसके बावजूद वे हर गण्यमान्य को देखते हुए
अपनी नगण्य–सी काया भाँति–भाँति से हिलाते थे
आँखों में आँखें डालकर अजब दैन्य या उम्मीद में अपलक
मुस्कुराते थे

और फिर अगली हड्डी के अन्तराल तक
अपूर्व विलक्षण और अद्‌भुत काव्य–विन्यास में
अपने समय का सबसे मार्मिक और विचारोत्तेजक
गीत गाते थे
उन्हें अक्सर या हमेशा उनकी दर्दनाक मृत्यु के बाद
कवियों की सूची में सम्मानपूर्वक याद किया जाता था
कहते हैं कि वही कविता के नये प्रतिमान बनाते थे

शेष जो सोते थे वे खोते थे

जो जागते थे
वे रोते थे।

मक्खियों की आत्माएँ

जो जितना ज़्यादा बिकता है
दिखाई देता है करता हुआ वह उतनी ही अधिक ख़रीदारी

एक सबसे दयनीय और निर्लज्ज अमीर ग़ुलाम
कहता है दम्भ से
'है यहाँ कोई मुझसे अधिक स्वतन्त्र?'
नियुक्त हैं ग़रीब पराधीन अंगरक्षक उसकी हिफ़ाज़त में
बन्दूक़ की लिबलिबी पर दाबे अपनी उँगलियाँ

जो ग़ुलाम नहीं हैं उन पर सन्देह और उनकी हत्या के लिए
मिलती है उन्हें बहुत ही
बहुत मामूली करुणा जैसी पगार
यही है इस लोकतन्त्र का सबसे बड़ा रोज़गार

एक बिक चुके देश में
वोटों को ख़रीदने के निमित्त
कितने माध्यमों में कितनी तकनीकों में कैसे–कैसे हुनर में
कितने–कितने क़ीमती दिलकश विज्ञापन हैं ज़रा देखो तो

मरता है उधर कवि कोई एक
संस्कृति के अन्धकार में सूचनाओं से बाहर

उपनगर के किसी विस्मृत कोने में
न बिकने की बेहद अपनी ज़िद में बीमार

उसकी मृत्यु को छुपाती है किसी उजड़े हुए पीपल की
डाल से टूटी
एक जर्जर सूखी पत्ती
एक उदास और हतप्रभ भूखी मक्खी
उसकी अधूरी कविता पर
बैठती है अन्तिम हताश काव्य–बिम्ब के अन्त की ख़ाली
जगह पर धीरे से
दुखों को अपने पंखों में समेटती हुई

इस बाज़ार और समाज में
एक कभी न बिकने वाले कवि की स्मृति की जगह है
एक दुखी मक्खी का स्थान अगर खोज सको तो
बाज़ार के बाहर किसी निविड़ एकान्त में
किसी प्राचीन सभ्यता के विस्मृत वनान्त में

कान लगाओ
बाज़ार के ब्रह्माण्ड में भिनभिनाती हैं
ऐसे असंख्य स्वर्गीय कवियों की आत्माएँ।

स्मृति-शेष

दिल्ली में वर्षों से नक्षत्र–सा जगमगाता कोई कवि
ख्याति के आसमान से,
विधि के विधान से
एक दिन जब लुप्त होकर टूटता है

तो जैसे कोई बड़ा–सा अण्डा फूटता है

प्रसिद्धि के समाजशास्त्र पर गये बग़ैर
निगम बोध के बाद की संघटना पर ध्यान दें

अकस्मात् निकलकर बिखर जाते हैं चारों ओर
कई दर्जन चूज़े

फिर तो उस स्वर्गीय महाकवि की कविता की ओर
जाना असम्भव है

कुछ–कुछ विचित्र–सा ही है हिन्दी कविता के इतिहास का यह नियम
कि भविष्य में चूज़े ही किया करते हैं
अतीत के हर स्वर्गीय महाकवि की कविता का पाठ

और वर्तमान में पाया जाता है
महाकवि किसी चूज़े के गले में
तमग़ा बना लटकता हुआ

इसी तरह होता है वह स्मृति–शेष।

सफल चुप्पी

हमारी आँखें और सम्भावनाएँ जहाँ तक जाती थीं
टँगे थे उनके चिथड़े हर जगह सूखते हुए हमारे समय में

जब कोई राजधानी का कवि काव्य–पाठ में श्रोताओं को
विभोर करने की कामयाबी तक पहुँचता था
ढन्न से गिरता था कहीं सख़्त धरती पर उनका बीमार कटोरा
जैसे ही खुराना साहब की बेटी दारियों फो के हिन्दी नाटक में
बोलती थी कोई सिहरता हुआ संवाद
ज़ोर से रोता था उनका कोई बच्चा या थिएटर के बाहर
उनमें से कोई
आ जाता था
किसी ब्लू लाइन बस के नीचे

बहुत खदेड़ा जाता था उन्हें दिल्ली से बाहर
लेकिन वे कीड़ों और मक्खियों की तरह हर जगह आ जाते थे
उनके टपरे सुबह–सुबह उग जाते थे वहाँ, जहाँ कल तक
नहीं था
उनका निशान
पुलिस आती थी बुलडोज़रों और बन्दूक़ों के साथ और
उजाड़ती रहती थी
उनका संसार

एक पिचके पतीले में कोई अज्ञात–सा दाना उबालती हुई
अपने परिवार की भूख को एक स्वप्न से स्थगित करती स्त्री से
उनके घरों में घुसकर करती थी बलात्कार
यह सच राजधानी का हर सफल कवि जानता है कि ये स्त्रियाँ सदियों से
बलात्कार की सन्तानें पैदा करती रही हैं
लेकिन सारी सफलताएँ ऐसी कई चुप्पियों पर ही निर्भर हैं
जानते हैं कि वे यह एक
रहस्य
लाखों या करोड़ों ऐसे बच्चे प्लेटें धोते थे, भुट्टे, ब्रेड, प्लास्टिक के सामान,
अण्डे–अख़बार
और अटर–शटर चीज़ें बेचते मकोड़ों की तरह रेंगते थे शहर भर में
और सौ साल से ज़्यादा लगती थी उनकी उम्र
उनकी चुप्पी से पता चलता था कि वे सब कुछ जानते हैं सब किसी के बारे में
अपनी चुप्पी में छुपाते हुए अपनी जानकारियाँ
जब वे गाते थे तो अक्सर ही होता था वह वयस्कों का कोई गीत
उनके हँसने के पीछे से सुनाई देती थी
अक्सर किसी गम्भीर बूढ़े की खाँसने और कराहने की आवाज़

सिनेमा हॉल की सबसे अगली क़तारों पर बैठे हुए
वे मनोरंजन उद्योग का 'बॉक्स ऑफ़िस' तय करते थे
और जब अस्सी लाख या डेढ़ करोड़ की फ़ीस लेकर नाचती हुई एक
आइटम गर्ल

हिलाती थी अपने कूल्हे और छातियाँ
तो उनकी सीटियाँ बजती थीं अँधेरे में

कुछ इस हद तक हमसे अलग था उनका दिमाग़
कि वे खलनायक को ही ताली बजा–बजाकर उकसाते थे
'ठोंक दे, साली को ठोंक दे!'
हम सब जानते हैं कि नहीं है यह कोई
नारी–विरोधी मर्द सत्ता का शिशु दिमाग़
हमारे समय की संस्कृति या अप–संस्कृति के बीचों–बीच
इन करोड़ों बच्चों की मौजूदगी की संस्कृति का अर्थ
क्या है इसे हम जान सकते हैं

लेकिन हमें फ़िलहाल कविता की
सफलता के बारे में सोचना है
जिसका रहस्य ऐसी जगहों की ख़ामोशी पर ही मुनहसर है।

तनिक कान दें

विद्वत्ता है आपके पास शास्त्र और ज्ञान
भवन है भोजन है साधन और मण्डली
सत्ता संस्थान है
अंटी में आपकी हिन्दी–हिन्दुस्तान है

जोगी–सा भोगी–सा रोगी–सा लोभी–सा
रमा हुआ बानी में बोली को गूँथता
चूहे–सा डरा हुआ, लिपटा हुआ आटे में
लापता कबूतर–सा डरता गणतन्त्र में
फिर भी जो कहता हूँ तनिक इधर कान दें

कब तलक पधारेंगे यहाँ से कृपया श्रीमान्
कब तलक चलेगा यह भीषण सम्भाषण यह षट्रस जलपान
तानेंगे कब तक यों भाषा की ड्योढ़ी पर अपनी दुकान

सिधारें तो हम भी गाँठ गठरी की खोलें
हम भी तो मंच पर रंच–भर अपना रचा बाँचें
सभागार ख़ाली हो
जायें सब आपके संग हाकिम–हुक्काम
तो हम भी तनिक नाचें

हुड़क उठती है करेजे में जिया डोलता है मन कचोटता है
सोचिए आपकी निस्बत हमारा आँती–पोटा कितने बरस से
ख़ाली है

तनिक नीचे तो निहारें
हमारे भीतर की कलाएँ जाने कब से रही हैं अकुलाय
बरसों से बाल–गोबिन्द और मेहरिया भूख से रही है बिलबिलाय।

एक जल्दबाज़ बुरी कविता में आँकड़े

कविता का एक वाक्य लिखने में दो मिनट लगते हैं
इतनी देर में चालीस हज़ार बच्चे मर चुके होते हैं
ज़्यादातर तीसरी दुनिया के
भूख और रोग से

दस वाक्यों की ख़राब जल्दबाज़ कविता में अमूमन लग जाते हैं
बीस से पच्चीस मिनट
इतनी देर में चार से पाँच लाख बच्चे समा जाते हैं
मौत के मुँह में
कविता अच्छी हो इतनी कि कवि और आलोचक
उसे कविता कहना पसन्द न करें या उसके कई ड्राफ्ट तैयार हों
तो तब तक कई करोड़ बच्चे, कई हज़ार या लाख औरतें और नागरिक
मर चुके होते हैं निरपराध इस विश्वतन्त्र में

यानी ज़्यादा मुकम्मल कविता के नीचे
एक बहुत बड़ा श्मशान होता है

जितना बड़ा श्मशान
उतना ही कवि और राष्ट्र महान्।

चंकी पाण्डे मुकर गया है

लोकप्रिय टी–सीरीज़ कम्पनी का मालिक गुलशन कुमार
हत्या के वर्षों बाद भी अभी तक गाता है माता के जागरण
के भजन, और दिखता है वैष्णों देवी की चढ़ाई चढ़ता हुआ,
माथे पर बाँधे हुए केसरिया स्कार्फ़
गोल–मटोल चेहरा, काले घुँघराले बाल, चमकदार
हँसती–सी छोटी–छोटी
रोमानी आँखें

हर कोई जानता है कि वह पहले दरियागंज में चलाता था
फ्रूट–जूस की दुकान
इसके बाद उसने व्यापार किया संगीत का
जिसकी कम्पनी के कैसेट के लिए गाती है अनुराधा पौडवाल
जिसके पति अरुण को अब सब भूल चुके हैं
जो पहाड़ से प्रतिभा और संगीत लेकर गया था
अपनी सुन्दर पत्नी के साथ मुम्बई अपनी क़िस्मत आज़माने
उसके नाम का आधा हिस्सा अभी भी जुड़ा है अनुराधा
के साथ

कहते हैं अरुण पौडवाल की आत्मा म्यूज़िक स्टूडियो में
अभी भी आधी रात घूमती है
वह साउंड मिक्सिंग करती है रात में ग़लत सुरों को
सुधारती हुई

गुलशन कुमार की आकांक्षा थी अनुराधा को लता मंगेशकर
और अपने भाई किशन कुमार
को ट्रेजेडी किंग दिलीप कुमार बनाने की
वही किशन कुमार, जो मैच फिक्सिंग के मामले में गिरफ़्तार हुआ था
और जेल में बीमार पड़ा था
फिर ज़मानत पर छूट गया था, जैसे सभी इज़्ज़तदार और सम्मानित लोग छूट जाया करते हैं इस देश में
यह वही मैच फिक्सिंग काण्ड था, जिसमें अज़हरुद्दीन का क्रिकेट करियर बरबाद हुआ था
जिसमें दक्षिण अफ्रीका की क्रिकेट टीक का कप्तान
हैंसी क्रोनिए भी फँस गया था
और विमान–दुर्घटना में मरने के पहले तक नहीं हो सका था
अपने देश की टीम में बहाल
हालाँकि भारतीय अदालत ने अजय जडेजा को बेदाग़ बरी कर दिया था और
वह बल्ला लेकर फिर पहुँच गया था राष्ट्रीय टीम में खेलने
अजय जडेजा की शादी हुई थी जया जेटली की बेटी के साथ
जया जेटली के पति ने बढ़ी उमर में तलाक़ देकर
दूसरी औरत के साथ घर बसा लिया था
आश्चर्य था कि दिल्ली के महिला संगठनों ने इस पर चुप्पी साधे रखी थी
क्योंकि जया जेटली उसके पहले तहलका काण्ड में मशहूर हुई थीं,
जिसके कारण रक्षामन्त्री को
इस्तीफ़ा देना पड़ा था
और बहुत प्रयत्नों के बावजूद मुश्किल था

एक उत्पीड़ित भारतीय पत्नी का मेकअप कर पाना

रही बात तहलका डॉट कॉम के तरुण तेजपाल और उनके साथियों की तो
वे पोटा से बचते–छिपते इस लोकतन्त्र के बनैले यथार्थ में
हमारी तरह ही कहीं घायल पड़े होंगे

अब क्या कहा क्या लिखा जाये हर किसी की स्मृति में ये सारी बातें हैं
हालाँकि विस्मृति के जो नये उपकरण खोजे गये हैं उनमें बहुत ताक़त है
और जो शुद्ध साहित्य है वह विस्मरण का ही एक शातिर औज़ार है

लेकिन जो विचारधाराओं वाला साहित्य है वह भी सरकारी फंडखोरी और
संस्थाओं में सेंधमारी की ही एक बीसवीं सदी वाली इंडो–रूसी तकनीक है

न किसी पत्रिका न किसी अख़बार में इतनी नैतिकता है
न साहस कि वे किसी एक घटना का
पिछले पाँच साल का ही ब्योरा ज्यों का त्यों छाप दें
पचास–पचपन साल की तो छोड़िए
किसी तथाकथित कहानीकार को भी क्या पड़ी है कि वह
यथार्थवाद के नाम से प्रचलित कथा में
ऐसा यथार्थ लिखे कि पुरस्कार आदि तो दूर
हिन्दी समाज में जीना ही मुहाल हो

तो बात आगे बढ़ायें

एक ऐसी वीडियो रिकॉर्डिंग थी दुबई की
जिसमें अबू सलेम की पार्टी में शामिल थे
बड़े–बड़े आला कलाकार और साख–रसूख वाली हस्तियाँ
इसी टेप से सुराग़ मिलता था गुलशन कुमार की हत्या का लेकिन
अदालत में चंकी पाण्डे ने कहा कि वह तो अबू सलेम को
पहचानता ही नहीं
और टेप में तो वह यों ही उसके गले से लिपटा हुआ
दिखायी देता है
ऐसा ही बाक़ी हस्तियों ने कहा
हिन्दुस्तान की अदालत ने भी माना कि दरअसल उस टेप
में दिख रहा
कोई भी आला हाकिम–हुक्काम, अभिनेत्रियाँ या अभिनेता
अबू सलेम को नहीं पहचानता
और जो वह एक्ट्रेस उसकी गोद में बैठी चूमा–चाटी कर रही
थी
उसका बयान भी अदालत ने माना कि कोई ज़रूरी नहीं
कि कोई औरत अगर
किसी को चूमे
तो वह उसे पहचानती भी हो

तो लुब्बे–लुआब यह कि अबू सलेम को पहचानने के मामले में
सारे गवाह मुकर गये
उसी तरह जैसे बी.एम.डब्ल्यू. काण्ड में कार से कुचले गये
पाँच लोगों के चश्मदीद गवाह
संजीव नन्दा और उसकी हत्यारी कार को पहचानने से मुकर
गये
जैसे जेसिका लाल हत्याकाण्ड के सारे प्रत्यक्षदर्शी
मनु शर्मा को पहचानने से मुकर गये

हर कोई मुकर रहा है इस मुल्क़ में किसी भी सुनवाई, गवाही या निर्णय के वक़्त कोई नहीं कहता कि वह समाज या संस्कृति के किसी भी भूगोल के किसी भी हत्यारे को पहचानता है
साथियो, यह एक लुटेरा समय है
नयी अर्थव्यवस्था की यह नयी सामाजिक संरचना है
आवारा हिंसक पूँजी की यह एक बिल्कुल नयी ताक़त है
और इसमें जो कुछ भी
कहीं लोकप्रिय है
वह कोई न कोई अमरीकी ब्राण्ड है
गुलाम होने और गुलाम बनाने के सारे खेलों में
अब बहुत बड़ा पूँजी निवेश है

और जो आजकल का साहित्य है, जिसमें लोलुप बूढ़ों और उनके वफ़ादार
चेलों–चपाटियों की सांस्थानिक चहल–पहल है
वह भी अन्यायी सत्ता और अनैतिक पूँजी का देशी भाषा में किया गया एक महाउबाऊ करतब है
यह भ्रष्ट राजनीति का ही परम भ्रष्ट सांस्कृतिक विस्तार है
एक उत्सव, एक समारोह
एक राजनेता और आलोचक, कवि और दलाल,
संगठन और गिरोह में फ़र्क़ बहुत मुश्किल है
अनेकों हैं बुश
अनेकों हैं ब्लेयर

साथियो, यह एक लुटेरा अपराधी समय है
जो जितना लुटेरा है, वह उतना ही चमक रहा है और गूँज रहा है

हमारे पास सिर्फ़ अपनी आत्मा की आँच है और थोड़ा–सा
नागरिक अन्धकार
कुछ शब्द हैं जो अभी तक जीवन का विश्वास दिलाते हैं...

हम इन्हीं शब्दों से फिर शुरू करेंगे अपनी नयी यात्रा...

एक डरे हुए रिएक्शनरी कवि की कविता

(कात्यायनी के लिए)

लगता है ये मेरे ही अतीत के शब्द हैं
उतने ही ताज़ा, साफ़, बच्चों के किसी पवित्र खेल में शामिल
किसी आदत या उम्मीद में उन्हीं स्वप्नों को बार–बार रचते हुए
जिनकी स्मृति से ही अब भर जाता है भीतर पिछली कई रातों का अँधेरा

सबसे सरल रंग सबसे स्पष्ट होते हैं
सबसे सरल और पवित्र विचार सबसे स्पष्ट शब्दों में प्रकट होते हैं
जैसे सबसे स्पष्ट लाल रंग सबसे साधारण रक्त में व्यक्त होता है

यह कविता जिसकी किसी सरल उत्ताल लहर पर
एक बार फिर भरोसा करते हुए किसी मोहाविष्ट नाव की तरह मुझे
डूब जाना चाहिए अतल तक
पूरी निडरता के साथ मैं कहना चाहता हूँ कि
मुझे डर लगता है

क्योंकि जो डुबोते हैं जार का जहाज़ किसी समुद्र में

वही छीनकर ले जाते हैं सूफ़ियों से लंगर की कड़ाही,
ग़रीबों से उनका ईश्वर, खेतिहरों से उनके खेत
और कवियों से उनकी क़मीज़, क़लम, आँखें और शब्द
कवि, सूफ़ी, नौकरों और ग़रीबों के ही कंकाल मिला करते हैं
किसी कंपुचिया या किसी साइबेरिया की धरती के गर्भ में

इतिहास में ऐसा क्यों होता है बार–बार
कि अख्मातोवा देखते–देखते बन जाती है लेडी मारकोस
हम समझते हैं अपने समय का जिसे स्पार्टकस
इतिहास की एक अत्यन्त सरल प्रक्रिया में वह
बन जाता है पोलपोट या चाउशेस्क्यू

वे कौन लोग हैं कात्यायनी
जो अन्यायियों और भ्रष्टों के जूतों में उड़ेलकर ह्विस्की
गा रहे हैं पूँजी की सत्ताओं के हर मंच पर बार–बार
सर्वहारा क्रान्ति के पक्ष में कितने स्पष्ट हैं उनके विचार
कि गूँज रहा है सारा समकालीन साहित्य और हर अख़बार
उनके संरक्षण में हैं संस्कृति संस्थाएँ और प्रतिबद्ध है सरकार

देखो कितनी बार
कितने प्रकार से ले रहे हैं वे पुरस्कार

कात्यायनी,
विडम्बना ही है कि इस पल
प्रतिक्रान्तिकारी कवि के ही चारों ओर है
भूख, भय, लांछना, दण्ड और निर्वासन का दुर्निवार अन्धकार।

जीवित

जिसकी हत्या का निर्णय लिया जा चुका है
उसको लगातार जीवित रखने का
कितना सक्रिय और सक्षम प्रावधान है

जिसकी हत्या की जा चुकी है
वह थोड़ा–सा जीवित रखा जाता है
अपनी हत्या के प्रमाणों और अटकलों को मिटाता हुआ

उसका ज़रा–ज़रा सा जीवन
साक्ष्य बनता है उस दयालुता का
जो हत्यारों की सत्ता के पक्ष में हमेशा ही सिद्ध हुआ करती है

सब कहते हैं तो आप भी कहिये
करुणा और नैतिकता के शीरे में पगी है हमारी संस्कृति
अहिंसा के स्वर्ग में बना है संविधान।

(तुक के लिए चाहें तो जोड़ लें–
हम सब और हमारा सब कुछ महान्)

घर या मज़ार

इस बिल्कुल नयी सदी के शुरू में
आधी से अधिक उम्र का शरीर और कई सदियों की स्मृति के साथ
मेरे घुटनों पर मेरा माथा जैसे कोई जर्जर चट्टान

समय की इस अनन्त लम्बी गुफ़ा में
शोर और निश्शब्दता को किसी किताब की तरह पढ़ता हुआ
कागज़ों, व्यर्थताओं और रेज़गारियों को सहेजकर रखता हुआ
पचास से अधिक बरस ख़र्च हो चुके भविष्य को अतीत की तरह
अन्धकार में देखता हुआ
किसी दारुण पेड़ की तरह न कहीं से आता हुआ न कहीं जाता हुआ
कुछ गिने–चुने पत्तों, जड़ों, घावों और आँसुओं को धूप और हवा से बचाता हुआ
हुनर और मेहनत से जीवन का एक और दिन हासिल कर लेने पर
भीतर से कभी इतराता कभी पछताता हुआ

पश्चिम के आकाश में क्यों उग रही हैं इतनी कुल्हाड़ियाँ
हिंसा क्यों है इतनी पूरब की हवा में

जो हारा है हर बार उसे मारा क्यों जा रहा है बार–बार
अपने आप से डरता हुआ पूछता हुआ लगातार
क्यों सिर्फ़ ग़रीब या क्यों सिर्फ़ अमीर नहीं है सारा संसार
जिसके पास हैं सबसे ज़्यादा विचार, क्यों वही पाया जाता है सबसे अधिक लाचार

कुछ सूखी टहनियाँ, किसी ख़ामोश वाक्य को बनाते हुए कुछ कमज़ोर शब्द,
आशंकाओं की आँच में रोटियाँ सेंककर किसी
रोगी के पथ्य की तरह कौर को चबाता हुआ निरन्तर चुप परिवार
मैं जिस मकान में हूँ वह कोई घर है या मिर्ज़ा ग़ालिब की मज़ार?

रेख़्ते में कविता

जैसे कोई हुनरमन्द आज भी
घोड़े की नाल बनाता दिख जाता है
ऊँट की खाल की मशक में जैसे कोई भिश्ती
आज भी पिलाता है जामा मस्जिद और चाँदनी चौक में
प्यासों को ठण्डा पानी

जैसे अमरकण्टक में अब भी बेचता है कोई साधू
मोतियाबिन्द के लिए गुलबकावली का अर्क

शर्तिया मर्दानगी बेचता है
हिन्दी अख़बारों और सस्ती पत्रिकाओं में अपनी मूँछ और पग्गड़ के
फ़ोटो वाले विज्ञापन में हकीम बीरूमल आर्यप्रेमी

जैसे पहाड़गंज रेलवे स्टेशन के सामने सड़क की पटरी पर
तोते की चोंच में फँसाकर बाँचता है ज्योतिषी
किसी बदहवास राहगीर का भविष्य
और तुर्कमान गेट के पास गौतम बुद्ध मार्ग पर
ढाका या नेपाल के किसी गाँव की लड़की
करती है मोलभाव रोगों, ग़र्द, नींद और भूख से भरी
अपनी देह का

जैसे कोई गड़रिया रेल की पटरियों पर बैठा
ठीक गोधूलि के समय
भेड़ों को उनके हाल पर छोड़ता हुआ
आज भी बजाता है डूबते सूरज की पृष्ठभूमि में
धरती का अन्तिम अलगोझा

इत्तेला है मीर इस ज़माने में
लिक्खे जाता है मेरे जैसा अब भी कोई–कोई
उसी रेख़्ते में कविता।

स्वर्ग

स्वप्न में ही है
ठिकाना स्वर्ग का

वहाँ
जीवन का क्या काम

स्वर्ग में काम आती हैं सिर्फ़ जीवन की स्मृतियाँ

स्मृतियों से ही पता चलता है
अरे, हम तो अब स्वर्ग में हैं

वर्षों तक जैसे किसी नरक में हुई
अपनी लगातार हत्या के बाद!

टेलिफ़ोन

तकनीक ने छीना चरखा, काल ने छीनी माँ
सभ्यता ले गयी रस्सी, थाली और धोती

नींद के लिए बाक़ी था कल तक किसी कोने में एक अँधेरा
उठा ले गया बाज़ार
थोड़ी–सी थी जो इज़्ज़त ले गयी ग़रीबी

लालच ने खाया लिहाज़, दूरबीन ने देखी हारे हुए ईश्वर की
लौटती हुई पीठ
लपटें ले गयीं पिता का सोने जैसा शरीर

ख़ामोशी ने बनाया सन्दिग्ध, दुःखों ने तोड़े घुटने, चिन्ताओं ने
छीनी रोशनी और बाल
एक लड़की आयी थी परसों पूछने हाल
अपने जीवन–भर वह कहीं नहीं लौट पायी

धन्यवाद टेक्नोलॉजी
कि सबसे गये–गुज़रे कवि को भी तो दिया ही है एक टेलिफ़ोन
काँपती हुई कभी–कभी आती है
बामियान के पहाड़ों से उसकी आवाज़।

पता

एक घर है जो फ़क़त स्मृति में ही नहीं
मेरे निश्चित अतीत में है, और है एक ठोस भूगोल में भी आज तक कहीं
उसमें एक दरवाज़ा है, जिसे मैं कई वर्षों से खटखटाता रहता हूँ बदहवास
कहीं से लौटता हुआ या कहीं को भी जाता हुआ
किसी दुःख या दैन्य या थकान या निर्वासन या हताशा
या फिर कभी–कभी सिर्फ़ नींद और धूप और बरसात के मारे

क्या कोई खोलेगा मेरे घर का दरवाज़ा मेरी ख़ातिर

गम्भीरता से सुनो लोगो, मैं भिखारी नहीं हूँ, न कोई फ़रार मुजरिम
न तो मैं हारकर लौटा हूँ कहीं से, न जीत की बर्बरता के साथ
मैं तो वास्तव में मूल बाशिन्दा हूँ इस जगह का, यहाँ मैं रख गया था
अपनी कुछ बहुत ही ज़रूरी चीज़ें इस विश्वास में
कि हर किसी को लौटना ही लौटना है एक दिन
फिर कहीं और न जाने का निर्णय लेते हुए

एक असहनीय पीड़ा उठती है शरीर के भीतर और व्याप जाती है

सारे दृश्य में अन्धकार आता है हा हा हा करता, चारों ओर से नयी शताब्दी
या सहस्त्राब्दी को घेरता हुआ
किसी चक्रवात, किसी महासमुद्र की तरह दौड़ता,
सारी प्रार्थनाओं को निगलता हुआ

मैं चला था किसी अभयारण्य की खोज में इस लोकतन्त्र में पचास–पचपन साल पहले
और अब एक सन्दिग्ध–से पते पर रहता हूँ जहाँ एक टेलिफ़ोन भी है
जिसमें से अगर आप बोलें तो सुनाई देता है बोलता हुआ कोई दूसरी ओर से :
ज़रा ज़ोर से बोलें, ज़रा ऊँचा...
सुनाई नहीं देता इधर कुछ भी

हैलो, आप कहाँ से बोल रहे हैं?
हैलो!
हैलो...!

पेड़ की भाषाहीनता के बावजूद

किसी उजड़ते हुए पेड़ पर आया हुआ एक अयाचित–सा फल
सूखकर टपकने के विरुद्ध पकने और स्वाद से भर जाने के विकल्प में जूझता हुआ
माफ़ करें, यह किसी दृश्य का अतियथार्थवादी चित्रांकन नहीं है
सर सूज़ा या सर हुसैन,
यह नियति है हमारी अगर आप गैलरी के बाहर एक नज़र मारें
अपने बगल में खड़े उस निश्चिन्त अफ़सर के कन्धे के ऊपर से तो

हम भी तो हैं कलाकार इसी समाज के और इसी स्वतन्त्र बाज़ार के
सूरजकुंड भेज दिये जाने से उसी तरह बचते हुए जैसे कोई कुत्ता सड़क का बच जाता है सर,.
म्युनिसिपैलिटी की कुत्ता–पकड़ गाड़ी से
किसी ग़ैरक़ानूनी ठेले के नीचे किसी ग़ैर–राजनीतिक ग़रीब ईश्वर की आड़ में छिपता हुआ

इतने सारे लोगों की आँखें, जो देख रही हैं लम्बे समय से
इस अतिप्राकृतिक कौतुक को लगातार

कि ठूँठ पर जीवन के करतब का कैसा होता है अंजाम
कैसे घटित हुआ करती है किसी भी जीवन में हर बार
एक नीच ट्रेजेडी अगले समय के लिए एक नया उदाहरण बनते हुए

न तो यह शत्रुता है और न ही क्रूरता
जो झलकती है इस दृश्य को देखती इतनी आँखों में से बार–बार
यह सिर्फ़ एक गहरी और सन्नाटे से भरी उत्सुकता है सामूहिक
ठीक वैसी जैसी किसी दारुण और विदारक दुर्घटना के वक़्त हुआ करती है
लाचार दर्शकों की आँख में

इस बदले हुए समय में पिछले किसी समय की किसी
प्रजाति का बचा हुआ पेड़
इसे समझता है अपनी भाषाहीनता के बावजूद
उसकी जड़ें या उसकी देह की सारी शिराएँ अभी तक
इस यथार्थ से भी कभी–कभार
खींचती रहती हैं कुछ नमक, कुछ पानी और जीवन के लिए
कुछ ज़रूरी अँधेरा
उसकी पत्तियाँ इस समय की धूप में से भी पकाती हैं थोड़ा–बहुत भोजन
जो समय, विद्वानों के मुताबिक़ आपका ही हो चुका है, सर!

यह मानें कि यह एक निष्ठुर नितान्त संयोग ही है कि
उस फल के शरीर की त्रासदी में भी
बची हुई है डंठल में कोई ज़िन्दा नस अभी तक बहरहाल

जिसमें से हासिल करता है वह अपने पूरा का पूरा पकने
और दहकने का
कमज़ोर ही सही पर फिर भी एक विश्वास...बहुत ही
नगण्य–सा आहार
देखें सर, एक बार,
आप भी कृपया देखें सर सूज़ा या मैडम मेनन
ज़रा अपने ईज़ल से अपनी आँखें उठायें

यहाँ अभी तक बचा हुआ अतीत का झुरमुट है
जहाँ अभी तक देखें
किसी तरह हरा और घना है यह पेड़!

सुबह

आधी रात जब पत्तियाँ गिरती हैं
नक्षत्र भी गिरते हैं उनके साथ किसी अकेले अन्धकूप में

मेरी उँगलियों में किसी नक्षत्र के आँसू थे सुबह
जब मैंने एक पत्ती को छुआ था।

पर्यावरण

इस पर्यावरण में मेरी साँसों का विकल्प नहीं
यातनाएँ उनका गला बार–बार अपनी मुट्‌ठी में कसती हैं
फेफड़ों में जितना ईश्वर है अभागा
देता है वह फिर से यही असहनीय जीवन कुछ और

अफ़वाहें हैं ताक़त और वैभव के अनगिनती माध्यमों की
उत्सव हैं हत्याओं और पापों को छिपाने के निमित्त

अपराधी है जो
वह हँसता है लगातार
हमारे समय का वही दिखता है योद्धा और वक्ता और विजेता

जो निर्दोष है वह डरा हुआ है
फटी मृत आँखों से देखता हुआ अन्याय डरते हुए
घावों–सा छूता अपनी उँगलियों से

गड्‌ढे से उसे निकालकर उसके दाँत गिने जा सकते हैं
कभी भी टॉर्च जलाकर
बैल की तरह खोलकर उसका मुँह।

एक अलग-सा मंगलवार

वह एक कोई भी दोपहर हो सकती थी
कोई-सा भी एक मंगलवार
जिसमें कोई-सा भी तीन बज सकता था

एक कोई-सा ऐसा कुछ
जिसमें यह जीवन यों ही-सा कुछ होता

पर ऐसा होना नहीं था

एक छाँह जैसी कुछ, जो मेज़ के ऊपर काँप रही थी
थोड़ी-सी कटी-फटी धूप, जो चेहरे पर गिरती थी
पसीने की कुछ बूँदें, जो ओस बनती जाती थीं
वह एक नन्ही-सी लड़की
आकाश से गिरती एक पत्ती से छू जाने से ख़ुद को बार-बार
किसी क़दर बचा रही थी

एक हथेली थी, जिसने गिलास मेज़ पर रख दिया था
और किसी दूसरी हथेली की गोद में बैठने की ज़िद में थी

चेहरा वह नन्हा-सा काँच का पारदर्शी

ओस में भीगा,
जिसके पार एक हँसी जल जैसी
बेहद आकांक्षाओं में लिपटी

वह चेहरा तुम्हारा था

एक आँख थी वहाँ
उस नन्हे–से चेहरे में
मेज़ की दूसरी तरफ़ या मेरी आत्मा के अतल में
किसी नक्षत्र की टकटकी हो जिस तरह
उस मंगलवार में, जिसमें बहुत मुश्किल से थोड़ी–सी छाँह थी

उस दिन कुछ अलग तरह से तीन बजा इस शताब्दी में
जिसमें यह जीवन मेरा था, जो पहले कभी जिया नहीं गया
था इस तरह
जिसमें होंठ थे हमारे, जिन्हें कुछ कहने में सब कुछ छुपाना था

वह एक बिल्कुल अलग–सी दोपहर
जिसमें अब तक के जाने गये रंगों से अलग रंग की कोई
धूप थी
एक कोई बिल्कुल दूसरा–सा मंगलवार
जिसमें कभी नहीं पहले जैसा
पहला तीन बजा था

और फिर एक–आध मिनट और कुछ सेकेंड के बीतने के बाद
अगस्त की उमस में माथे पर बनती ओस की बूँदों को
मुट्ठियों में भिंचे एक सफ़ेद बादल के छोटे–से टुकड़े से
पोंछते हुए
तुमने कहा था

तिनका हो जा।
तिनका हुआ।
पानी हो जा।
पानी हुआ।

घास हो जा।
घास हुई।

तुम हो जाओ।
मैं हुआ।

अगस्त हो जा। मंगलवार हो जा। दोपहर हो जा।

तीन बज।

इस तरह अगस्त के उस मंगलवार को तीन बजकर एकाध
मिनट
और कुछ सेकेंड पर
हमने सृष्टि की रचना की

ईश्वर, क्या तुम भी डरे थे इस तरह उस दिन
जिस तरह हम किन्हीं परिन्दों–से?

इस समूचे दृश्य के बाद

इस सीरियल के ख़त्म हो जाने के बाद
थोड़ी–सी शराब और कैसेट में जो बाक़ी अन्त का बचा–खुचा संगीत है
उसके चुक जाने के बाद
जिसे घर आना था एक पूरी उम्र गँवा देने के बाद
उसके बिना आये लौट जाने के बाद
ध्रुव के पश्चिमोत्तर आकाश में जो आधी रात नक्षत्रों और उल्काओं की
आतिशबाज़ी होनी है
उसके हो जाने के बाद

किसी ट्रेन में जो टाइम बम रखा है, बिल्कुल ठीक समय पर
उसके फूट जाने के बाद
काव्य–पाठ और समारोह समाप्त हो जाने के बाद
किसी अनधिकृत मानव–सभ्यता पर किसी अधिकृत अ–सभ्यता का
बुलडोज़र चल जाने के बाद
मृत्यु जिसे आना ही था एक नियत घड़ी पर
उसके आ जाने के बाद

पटरी पर अपने बचपन का दृश्य एक बार फिर देखते आख़िरी
जागे हुए आदमी के नींद में डूब जाने के बाद

मोड़ के अँधेरे में चुपचाप जो दो हत्यारे खड़े हैं उनका काम
पूरा हो जाने के बाद
रफ़्तार से आती शताब्दी मेल की हेडलाइट की रोशनी में
चुपचाप रेल की पटरियाँ पार करते उस अन्धे आदमी के
जीवन
के दूसरे छोर तक पहुँच जाने के बाद
अस्पताल में ऑक्सीजन मास्क में साँस लेते एक बेचैन
आदमी के निस्पन्द हो जाने के बाद
काँटे में मछली के फँस जाने के बाद
एक सरकार के जाने और किसी दूसरी सरकार के
आ जाने के बाद

दुकानों के शटर खुलने या बन्द हो जाने के बाद
माँ के स्तन से दूध की अन्तिम बूँद उतर जाने के बाद
रोते हुए बच्चे के अचानक डर कर चुप हो जाने के बाद

कसाई के हाथों में रस्सी सौंप देने के बाद

पत्नी द्वारा दूध का पतीला और बची हुई सब्ज़ी फ्रिज़ में
रख दिये जाने के बाद
इस कविता के अगले वाक्यों के अधूरा छूट जाने के बाद...

एक द्युति भर

उत्तर में अभी तक था ध्रुव
क्षितिज में खिंची नहीं थी ज़ाफ़रान की लकीर

त्वचा को छू रही थी अँधेरे में घुली शीत
रक्त को हवा में अदृश्य तिरती ओस

अँधेरा था अभी बाक़ी
पितर विदा नहीं हुए थे नींद से
उनके असबाब रखे हुए थे स्वप्न में डूबे पेड़ों के नीचे यहाँ–वहाँ

एक छोर रात का अन्तिम
अटका रह गया था,
पल–भर को

एक अन्तिम पत्ता किसी अकेले पेड़ का
नलके की वह एक आख़िरी बूँद

ठीक इसी पल
विहान के तट पर
अन्धेरे में डूबी किरणों की नदी के मुहाने के ठीक पूर्व
उसने मुझे देखा

फ़क़त एक पल
एक निमिष
सेकेंड के सहस्त्रांश भर वह कौंध
एक विद्युत्...
...द्युति...एक

उसने देखा बस एक आँख भर
जैसा वही देख सकती थी
मेरी आँख के भीतर
मेरी आत्मा के पार
आर–पार
...मेरे अतल तक

मैं हार बैठा हूँ अपना जीवन...
जो पहले से ही एक हारा–थका जीवन था
अपनी वंचनाओं में चुपचाप...

न बरहमनी, न कैथी, यिद्दिश में था जीवन

(अपनी पचासवीं वर्षगाँठ पर)

इतने वर्ष जिये चले जाने के बाद
लगा कि मूलतः जीवन का विन्यास ही ग़लत था
अधिकांश स्थलों पर हिज्जे की अक्षम्य अशुद्धियाँ थीं
और शायद ही कोई वाक्य कहीं व्याकरणसम्मत रहा हो

सम्भवतः इसी कारण जो कहा उसका सदा अनर्थ हुआ
एक समूचा का समूचा जीवन ही इस भाँति व्यर्थ हुआ

प्यार आया तो क़ैफ़ या फ़रहाद की तरह
किसी के साथ जुड़ा तो जैसे वृक्षों में छाल जुड़ती है,
तने के साथ गुत्थमगुत्थ,
हर ऋतु हर साल आयु का एक नया वलय
एक नया वृत्त बनाती हुई कभी गोचर
कभी अगोचर

बोलना चाहा तो धरती की भाषा में जैसा गद्य होता है
मिट्टी और धूल का
गद्य जैसे हवा का

प्रार्थना की तो जैसे पानी की बोली में होती है विनम्र–सी
नगण्यता

या नींद की उनींदी वाक्य–संरचनाओं में माँ जिस तरह
बचपन में गाती थी लोरी

रोया तो जैसे आधी रात आकाश में अकेला नक्षत्र अपने ही
उजाले में डबडबाया
चुप हुआ तो मौन एक तप था, ताप में ताये
या तम के तालाब में डूबे किसी पर्वत का
गृहस्थी थी काठ की गाड़ी, जिसके पहिये
बार–बार धँस जाते थे हर डगर पर

भाषा थी, जिसके शब्दों को किसी ताँतिए या धुनिए की तरह
धुनकता रहता था रात–दिन...दिन–रात
बिना जागे, बिना सोये
बिना जिये, बिना मरे
रुई फिर भी पूरी खिल नहीं पाती थी,
जुट नहीं पाती थी देह ढँके भर को
चादर

समाज था, जिस पर प्रजा का वश नहीं था कोई
दिशाएँ थीं, जिन्होंने सदा छलने का काम किया

असंख्य मद्यप थे, रसिक और हाकिम
भाषा की गलियों और मोहल्लों में जिनका राज था
अलंकार थे गण्यमान्यों और गणिकाओं के ही निमित्त
संस्थान थे, साधन थे, सम्मान थे उन्हीं के हेतु

बिरथा और अकारथ अर्द्धशती पर अपने ही जाना
कि जीवन की लिपि ही जनम से बिगाड़ ही सतगुरु ने
यदि था यह जीवन कलापूर्ण

तो इसकी लिपि होनी थी बरहमनी
था यदि यह प्रगतिकामी तो लिखा होता
करतार ने कृपापूर्वक इसे कैथी में
नागरी भी होती तो कहलाता आधुनिक
मोल इसका भी लगता इस बाज़ार के भूमण्डल में

यह जीवन तो लिख दिया गया था
अ–नाथों के गुह्य आखर में
मृतक ही इसे बाँचते थे, मृतक ही इसे बूझते थे,
मृतक ही मगन हो नाचते थे
वर्तमान में कहीं नहीं थी उनकी उपस्थिति
जैसे आइज़क बशाविस सिंगर ने अपनी कथा लिख दी
यिद्दिश में
जिसकी लिपियाँ बाँचते हैं सिर्फ़ प्रेत

बख़्श दें किसी तरह जीवित लोग मेरा यह जीवन

धुनकने दें पचास बरस से इकट्ठा रुई की गठान
तो शायद माटी की बानी में कभी कुछ खिले
किसी दिन किसी जीवित को भी कभी कुछ शायद दिखे

सुनियो घोष बड़ो ब्यौपारी

जब कभी खिलेगा तभी तो आपको कुछ दिखेगा।

उस दिन गिर रही थी नीम की एक पत्ती

(एक अधूरी कविता)

नीम की एक छोटी–सी पत्ती हवा जिसे उड़ा ले जा सकती
थी किसी भी ओर
जिसे देखा मैंने गिरते हुए आँखें बचाकर बायीं ओर
उस तरफ़ आकाश जहाँ ख़त्म होता था या शुरू उस रोज़
कुछ दिन बीत चुके हैं या कई बरस आज तक
और वह है कि गिरती जा रही है उसी तरह अब तक
स्थगित करती समय को

इसी तरह टूटता–फूटता अचानक किसी दिन आता है
जीवन में प्यार
अपनी दारुण जर्जरता में पीला किसी हरे–भरे डाल की
स्मृति से
टूटकर अनाथ
किसी पुराने पेड़ के अंगों से बिछुड़कर दिशाहारा
हवा में अनिश्चित दिशाओं में आह–आह बिलखता दीन
और मलीन
मेरे जीवन के अब तक के जैसे–तैसे लिखे जाते वाक्यों
को बिना मुझसे पूछे
इस आकस्मिक तरीक़े से बदलता हुआ

मुझे नयी तरह से लिखता और विकट ढंग से पढ़ता हुआ
इसके पहले यह जीवन एक वाक्य था हर पल लिखा जाता
हुआ अब
तक किसी तरह
कुछ साँसों, उम्मीदों, विपदाओं और बदहवासियों के आलम में
टेढ़ी–मेढ़ी हैंडराइटिंग में, कुछ अशुद्धियों और व्याकरण की
तमाम ऐसी भूलों के साथ
जो हुआ ही करती हैं उस भाषा में जिसके पीछे होती है
ऐसी नगण्यता
और मृत या छूटे परिजनों और जगहों की स्मृतियाँ

प्यार कहता है अपनी भर्राई हुई आवाज़ में—भविष्य
और मैं देखता हूँ उसे सान्त्वना की हँसी के साथ
हँसी जिसकी आँख से रिसता है आँसू
और शरीर के सारे जोड़ों से लहू

वह नीम की पत्ती जो गिरती चली जा रही है
इस निचाट निर्जनता में
खोजती हुई अपना भविष्य

मैं उसे सुनाना चाहता हूँ शमशेर की वह पंक्ति
जिसे भूले हुए
अब तक
कई बरस हो गये।

जलते हुए दृश्य में अपने पंख बचाते हुए

विचार

वे प्रखर विचार जिनमें अतीत के अन्यायों, अतिचारों और निरंकुशताओं की
निर्मम आलोचना है, आप ग़ौर से देखें तो उनमें निश्चित ख़ामोशी है
आज की निरंकुशताओं और अन्यायों के प्रति
अतीत के अन्यायियों की ही दीर्घ आनुवंशिकता की सन्तानें हैं
ये विचार और विचारक
उनका एक तन्त्र है बहुत बड़ा और है
एक बेशर्म कालजयी एकता

परिवर्तनकारी लगते इन विचारों के तन्त्र के पीछे वह ताक़त है
जिसे हासिल किया गया है अनीति से

आइए देखें वह वाक्य जिसमें गुज़र चुकी सदियों के
तमाम अत्याचारियों के विरुद्ध एक चमकता हुआ बिम्ब है
उसे तोड़ें अखरोट की तरह तो दिखेगा वर्तमान के अत्याचारियों के पक्ष में
छुपा हुआ तर्क
वहाँ विचारक नहीं
दिखेगा चिन्तन की भाषा के चोग़े में छिपा कोई मक्कार वाक्पटु अधिवक्ता

आज के हत्यारे को बचाने के निमित्त अतीत के हत्यारों के
विरुद्ध तर्क और प्रमाण पेश करता हुआ

कुछ न्यायाधीश दिखेंगे
अन्याय के पक्ष में जिसका फ़ैसला पूर्वघोषित है
दिखेंगे कुछ चश्मदीद गवाह जो कहेंगे हमने कुछ नहीं देखा
उस दिन हम इस पृथ्वी पर थे ही नहीं

कुछ विद्वान् दिखेंगे जिनकी अकादमिकता है वर्तमान
अन्यायी सत्ता के बारे में
मौन के निमित्त
अतीत के बारे में निरन्तर बोलते रहना

कुछ चर्चित और पुरस्कृत कवियों का झुण्ड दिखेगा
हत्या के पल मुँह फेरकर दूसरी ओर जो अपने–अपने
बचपन का
वही गीत गायेंगे
जो हर हत्या को निरापद

और हर हत्यारे को हत्या के बाद
निरपराध बनाता है।

वे यहीं कहीं हैं

(1 जनवरी, 1990 में सफ़दर हाश्मी की हत्या की स्मृति में लिखी गयी कविता)

वे कहीं गये नहीं हैं,
वे यहीं कहीं हैं
उनके लिए रोना नहीं।

वे बच्चों की टोली में रंगीन बुश्शर्ट पहने बच्चों के बीच गुम हैं
वे मैली बनियान पहने मलबे के ढेर से बीन रहे हैं
हरी पीली लाल प्लास्टिक की चीज़ें

वे तुम्हारे हाथ में चाय का कप पकड़ा जाते हैं
अख़बार थमा जाते हैं
वे किसी मशीन, किसी पेड़, किसी दीवार,
किसी किताब के पीछे छुपकर गाते हैं

पहाड़ियों की तलहटी में गाँव की ओर जाने वाली सड़क
पर वे हँसते हैं
उनके हाथों में गेहूँ और मकई की बालियाँ हैं

बहनें जब होती हैं किसी जंगल, किसी गली
किसी अँधेरे में अकेली

तो वे साइकिल पर अचानक कहीं से तेज़–तेज़ आते हैं
और उनके आसपास घण्टी बजा जाते हैं

वे हवा का जीवन, सूरज की साँस, पानी की बाँसुरी,
धरती की धड़कन हैं
वे परछाइयाँ हैं समुद्र में फैली हुईं
वे सिर्फ़ हड्डियाँ और सिर्फ़ त्वचा नहीं थे कि मौसम के
अम्ल में गल जायेंगे
वे फ़क़त ख़ून नहीं थे कि मिट्टी में सूख जायेंगे
वे कोई नौकरी नहीं थे कि बरख़ास्त कर दिये जायेंगे

वे जड़ें हैं हज़ारों साल पुरानी,
वे पानी के सोते हैं
धरती के भीतर–भीतर पूरी पृथ्वी और पाताल तक वे रंग
रहे हैं
वे अपने काम में लगे हैं जब कि हत्यारे ख़ुश हैं कि
हमने उन्हें ख़त्म कर डाला है

वे किसी दौलतमन्द का सपना नहीं हैं कि
सिक्कों और अशर्फ़ियों की आवाज़ से टूट जायेंगे

वे यहीं कहीं हैं
वे यहीं कहीं हैं
किसी दोस्त से गप्प लड़ा रहे हैं
कोई लड़की अपनी नींद में उनके सपने देख रही है
वे किसी से छुपकर किसी से मिलने गये हैं
उनके लिए रोना नहीं

कोई रेलगाड़ी आ रही है

दूर से सीटी देती हुई
उनके लिए आँसू नासमझी है
उनके लिए रोना नहीं
देखो वे तीनों—सफ़दर, पाश और सुकान्त
और लोरका और नज़रुल और मोलाइसे और नागार्जुन
और वे सारे के सारे
जल्दबाज़ी में आयेंगे
कॉस्ट्यूम बदलकर नाटक में अपनी—अपनी भूमिका निभायेंगे
और तालियों और कोरस
और मंच की जलती—बुझती रोशनी के बीच
फिर ग़ायब हो जायेंगे

हाँ, उन्हें ढूँढ़ना ज़रूर
हर चेहरे को ग़ौर से देखना
पर उनके लिए रोना नहीं
रोकर उन्हें खोना नहीं

वे यहीं कहीं हैं...
वे यहीं कहीं हैं।

आग

30 अक्टूबर, 1984 का कोई और सन्दर्भ होगा
अधिक बोधगम्य, अधिक सामाजिक
हम तो अपने निजी डरों और आशंकाओं में घिरे उस शाम
दरियागंज में खड़े थे किसी ऑटोरिक्शा के इन्तज़ार में

रीगल के बस अड्डे से यमुना पार के लिए कोई इस नहीं थी
उस रात
यमुना में आग लगी हुई थी उस रात,
भोगल में आग लगी हुई थी उस रात,
तिलकनगर, वज़ीरपुर, मुनीरका, अशोक विहार हर तरफ़
आग थी
मैं तब बेरसराय में रहता था,
उस रात रीगल से बेरसराय के लिए भी कोई बस नहीं थी

राजधानी में भटक रहे थे हम
इतिहास के बाहर जैसे दो पक्षी भटकते हैं अपने जलते हुए
घोंसलों और पंखों के साथ
इतिहास के बाहर किसी अन्धे कुएँ में गिरता है उनका
जीवन
चारों ओर फैली आग में जलती है उनकी चीख़

यह साबरमती एक्सप्रेस के जलते हुए डिब्बे के भीतर का दृश्य नहीं था
यह अट्ठारह साल बाद का गोधरा और गुजरात नहीं,
यह अट्ठारह साल पहले की दिल्ली थी

रात ग्यारह बजे आख़िरकार एक अधजले हरे रंग की उजाड़–सी ज़ंग खाई बस आयी थी
रीगल बस स्टॉप पर
खड़खड़ाती हुई आवाज़ में एक बीमार कंडक्टर बोल रहा था–
'यमुना पार...यमुना पार...
मयूर विहार...पटपड़गंज...किशननगर...यमुना पार
यमुना पार...'

आभा दिखी थी भागती हुई, बस के फुटबोर्ड पर लटकती हुई
अपने–अपने घर लौटने के लिए बेचैन उन डरे हुए लोगों के बीच
आग की लपटों के बीच मैं हाथ हिला रहा था
आग की लपटों में से होकर बस जा रही थी यमुना पार
लपटों के भीतर बस की खिड़की में से झाँक रहा था आभा का चेहरा

उस रात तीन घण्टे आग में से चलता हुआ पैदल मैं पहुँचा था
रीगल से बेरसराय
वहाँ कोने में एक फ़ोन था, जिसमें से आ रही थी
आभा की धीमी लेकिन साफ़ आवाज़
'जैसे–तैसे उस बस से मैं पहुँच ही गयी अपने घर बिना जले
बिटिया जाग रही थी, पुनीत का हाथ जल गया था खाना गर्म करते,

कितनी आग थी उफ़...
तुम कैसे बचे?
क्या–क्या मैंने देखा बस रात–भर के जीवन में,
डर लग रहा था, उस बस में मेरे साथ सारे जले हुए मुसाफ़िर थे
तुम पैदल इतनी दूर चलते हुए कितना जले, कितनी आग तुमने देखी'

आज अट्‌ठारह साल बाद मैं खड़ा हूँ निगम बोध के फाटक पर
अब कोई नहीं पहचानता मेरा रोज़–रोज़ जलाया जाता हुआ चेहरा
इस शहर दिल्ली में
आग के बाहर से मैं हिलाता हूँ अपने जले हुए हाथ,
पुनीत की उँगलियाँ
लपटों के भीतर थोड़ी–सी हिलती हैं
मैं आग में से होता हुआ लौटूँगा रोहिणी सेक्टर तेरह, अपने घर
आभा की आवाज़ मैं जानता हूँ आयेगी फ़ोन पर

'सुनो, सच बताओ, क्या मैं हैदराबाद से लौट आयी हूँ बिना जले अपने घर
इस बार मैं जलती हुई बच्चियों पर बनाना चाहती थी एक फ़िल्म
अभी अहमदाबाद से भी मैं लौट आयी थी बिना जले कुछ रोज़ पहले
जलते हुए गुजरात पर मैंने बनाई है एक डॉक्युमेंटरी, जिसमें सूफ़ी संगीत है
और वली दकनी का गीत–
...मेरे सीने में आके चमन देख इश्क़ का...

मेरे मोबाइल नम्बर पर अब ख़बरदार कभी फ़ोन मत करना
वह तो अब जल चुका है,
मैं उसी नम्बर से बात कर रही हूँ तुमसे इस वक़्त
शायद इस बार मैं नहीं लौट पायी हूँ, अपने घर बिना जले...

कहाँ पर मुझसे ग़लती हुई,
कहाँ पर हम चूक गये,
तुम अब मुझे कैसे बताओगे?'

(आभा दयाल और पुनीत टंडन की स्मृति में। 20 अक्टूबर को हैदराबाद के एक होटल में आग लग जाने से दोनों की मृत्यु हो गयी थी। वहाँ वे एक डॉक्युमेंटरी की शूटिंग में गये थे।)

जो फ़िल्म नहीं है का दृश्य

यह लेकिन किसी फ़िल्म का दृश्य नहीं था
उसमें एक मुस्कुराता हुआ सज्जन–सा खलनायक था जिसने
पैगम्बर की हत्या की थी और एक दूसरा था
जो दिखाई दिया था पैगम्बर को बचाते हुए और करुणा
के पक्ष में
बहुत ठोस और अकाट्य तर्क देते हुए

इसे बाद जो फ़िल्म नहीं थी उसका एक बहुत लम्बा
डरावना–सा हिस्सा था
इसमें दंगे थे, आगजनी, जितना, हत्याएँ और बमों के ध
माके थे
पुलिस, जाँच आयोग इत्यादि थे, लावारिस शव, सेमिनार,
रईस बुद्धिजीवियों और
ऐयाश कलाकारों के जुलूस और हस्ताक्षर आदि थे
कुछ चर्चित फ़िल्मों, कविताओं, किताबों और भाषणों के
अंशों के अलावा
कुछ विदेशयात्राएँ और पुरस्कार वग़ैरह भी थे

फ़िल्म की पटकथा अनुपस्थित और गोपनीय थी
कुछ ऐसे कूट संकेत थे जो एक साथ पैगम्बर और शैतान,
न्याय और अन्याय,

पाप और पुण्य के लिए एक ही अर्थ और एक ही सामर्थ्य के साथ
एक जैसा काम करते बिल्कुल बराबर लागू होते थे
यह जो फ़िल्म नहीं थी वह जहाँ ख़त्म होती थी उस अन्तिम दृश्य में
सब एक–दूसरे के साथ गले मिलकर नाचते थे
एक–दूसरे को तमग़े और विशेषण बाँटते हुए आपस में मुँहों में
आपस की घूँटों को लेते और देते वे एकदम एक थे

पृष्ठभूमि में कोई संगीत नहीं था
एक डर जैसा कुछ था
जो समूचे समय और समूची चेतना पर बार–बार छा जाता था

जो इस फ़िल्म से डरकर चीख़ता था
फ़िल्म के बाहर उसको मारने का पुख़्ता इन्तज़ाम था।

पंटून पुल

वह देह हमारी ही थी
इतिहास में जिसे नाव बनाकर पार किया गया था समुद्र

पुल बनाने की तकनीक तब तक नहीं थी
लेकिन हमारा शरीर इतिहास में हासिल था
जिसकी उपयोगिता इस मायने में तकनीकी थी
कि थोड़ी युक्ति के साथ यह नदियों में उतर सकती थी
और रस्सी से अगर इसे दोनों ओर तानकर बाँध दो पहाड़ों के आरपार
हवा में तो यह झूलती हुई बीचोबीच अधर में टँगी रह सकती थी

तो इसी तरह बनते थे इतिहास में पंटून पुल और झूला पुल
हाकिमों और तिज़ारतियों ने हमारी ही देह से पार किये थे दर्रे, पहाड़ और दरिया
हमारी रीढ़ पर से होकर गुज़री थीं सेनाएँ और ऊँटों–खच्चरों के व्यापारी क़ाफ़िले
बाक़ी सूफ़ी, राह भूले दरवेश, थके मुसाफिर, फ़कीर, रियाया और
जानवर तो आज की ही तरह

पैदल या तैरकर या किसी सूखे पेड़ के तने पर सवार या किसी मटके से लिपटकर
अपने नमक को भीगने और ख़ुद को डूबने से बचाते हुए
किसी तिनके की उम्मीद के सहारे पार उतरते थे

वह आग हमारी ही थी और हमारा ही था मानव–सभ्यता के अन्धकार में वह धुँधला–सा आलोक
हमें ही देर तक भूना गया था
आखेटकों के हर कौर में हमारे कई मानवीय अंग–प्रत्यंग थे
हमें अपनी घूँट की तरह पीते हुए उसके नशे
और स्वाद के आह्लाद में डूबे शिकारियों
और लुटेरों ने कहा था–'आह! अ–मृत'
क्योंकि आज की ही तरह तब भी हम मृत नहीं थे
जीवित थे तमाम अटकलों के बावजूद

हम अब भी जीवित हैं
अभी तक
किसी आश्चर्य की तरह
जैसे भयावह संहारों और प्रलय के बाद भी हमेशा बची रह जाती हैं चीटियाँ

ये जो शब्द है, और लिपियाँ
ये भी हमारे हैं
अपनी मृत्यु के भय या जीवित रह पाने के आश्चर्य और उल्लास में
हमने ही इन्हें रचा है
इनसे ऐसा काम मत लो ताक़तवरो
हमसे हमारी ही भाषा छीनने के लिए मत दौड़ाओ अपने कुत्ते हमारी ओर

चाहें तो बदले में हम अपने गुर्दे या अपनी आँखें आपको दे सकते हैं
इतना संयम और इतनी मर्यादा तो हर सभ्यता में होनी ही चाहिए
है कि नहीं?

राजधानी में बैल

एक

बादलों को सींग पर उठाये
खड़ा है आकाश की पुलक के नीचे

एक बूँद के अचानक गिरने से
देर तक सिहरती रहती है उसकी त्वचा

देखता हुआ उसे
भीगता हूँ मैं

देर तक।

दो

एक सफ़ेद बादल
उतर आया है नीचे
सड़क पर

अपने सींग पर टाँगे हुए आकाश

पृथ्वी को अपने खुरों के नीचे दबाये अपने वज़न भर
आँधी में उड़ जाने से उसे बचाते हुए
बौछारें उसके सींगों को छूने के लिए
दौड़ती हैं एक के बाद एक
हवा में लहरें बनती हुईं

मेरा छाता
धरती को पानी में घुल जाने से
बचाने के लिए हवा में फड़फड़ाता है

बैल को मैं अपने छाते के नीचे ले आना चाहता हूँ
आकाश, पृथ्वी और उसे भीगने से बचाने के लिए

लेकिन शायद
कुछ छोटा है यह छाता।

तीन

सूर्य सबसे पहले बैल के सींग पर उतरा
फिर टिका कुछ देर चमकता हुआ
हल की नोक पर

घास के नीचे की मिट्टी पलटता हुआ सूर्य
बार–बार दिख जाता था
झलक के साथ
जब–जब फाल ऊपर उठते थे

इस फ़सल के अन्न में
होगा
धूप जैसा आटा
बादल जैसा भात

हमारे घर के कुठिला में
इस साल
कभी न होगी रात।

चार

पेसिफ़िक मॉल के ठीक सामने
सड़क के बीचोबीच खड़ा है देर से
वह चितकबरा

उसकी अधमुँदी आँखों से निस्पृहता है अजब
किसी सन्त की
या फिर किसी ड्रग–एडिक्ट की

तीखे शोर, तेज़ रफ़्तार, आपाधापी और उन्माद में
उसके दोनों ओर चलता ही रहता है
अनन्त ट्रैफ़िक

घण्टों से वह वहीं खड़ा है चुपचाप
मोहनजोदाड़ो की मुहर में उत्कीर्ण
इतिहास से पहले का वृषभ
या काठमाण्डू का नान्दी

कभी–कभी बस वह अपनी गर्दन ज़रा–सी हिलाता है
किसी मक्खी के बैठने पर
उसके सींगों पर टिकी नगर–सभ्यता काँपती है
उसके सींगों पर टिका आकाश थोड़ा–सा डगमगाता है

उसकी स्मृतियों में अभी तक हैं खेत
अपनी स्मृतियों की घास को चबाते हुए
उसके जबड़े से बाहर कभी–कभी टपकता है समय

झाग की तरह।

पाँच

अपनी दोनों हथेलियों के बीचोबीच
भर लो उसके कन्धे का ककुद

और देर तक आँखें मूँदे थामे ही रहो
अपनी चेतना तक महसूस करते हुए
उसका स्पर्श

उसी तरह जैसे
हथेलियों की त्वचा और
हृदय के बीचोबीच थामा जाता है
प्रेमिका का स्तन

क्या शिव है वह
उसकी देह पर उगा?

एक अतिरिक्त सुन्दरता
एक अतिरिक्त भार
देह के आकार के गढ़े जाने के दौरान
बची रह गयी अतिरिक्त मिट्‌टी
जिसे रख दिया विधाता ने यों ही वहाँ
बिना कुछ सोचे?

बैल और स्त्री
व्यर्थ है दोनों के लिए
उनकी देह की यह अतिरिक्त मात्रा
बताते हैं चिकित्सक

दुनिया के किसी भी बैल के कन्धों पर
नहीं होता यह ककुद
इसीलिए मोहनजोदाड़ो के बैल के कन्धों पर रखा गया
संसार का सबसे पहला जुआ

संसार में सबसे पहले धरती पर चला हल
सबसे पहले शुरू हुई जुताई
पुरातत्त्वविद बताते हैं

संसार में सबसे पहले बसे नगर
बैल के कन्धे पर रखे ककुद
पर निर्भर

इतिहास जहाँ से शुरू होता था
उसके पहले छोर पर
खड़े थे
बैल और स्त्री

अपने–अपने ककुदों से रचने के लिए
सभ्यताओं का भविष्य।

छह

आई.टी.ओ. पुल के पास
दिल्ली के सबसे व्यस्त चौराहे पर खड़ा है वह

उसे स्मृति में दिखते हैं
गोधूलि में जंगल से गाँव लौटते अपने पितर–पुरखे

उसकी आँखों के सामने
किसी विराट हरे समुद्र की तरह
फैला हुआ कौंधता है चरागाह

उसके कानों में गूँजती रहती है
पुरखों के रँभाने की आवाज़ें
स्मृतियों से बार–बार उसे पुकारती हुई उनकी व्याकुल टेर

बयालीस लाख या सैंतालीस लाख
कारों और वाहनों की रफ़्तार और हॉर्न के बीच
गहरे असमंजस में जड़ है वह

आई.टी.ओ. पुल के चौराहे से
कहाँ जाना चाहिए उसे

पितरों–पुरखों के गाँव की ओर,
जहाँ नहीं बचे हैं अब चरागाह
या फिर कनॉट प्लेस या पालम हवाई अड्डे की दिशा में

जहाँ निषिद्ध है सदा के लिए
उसका प्रवेश।

समाज के बारे में एक व्यक्तिवादी कविता

कुछ और हैं ठोकरें बाक़ी अभी
इन्तज़ार में हूँ कि हो लें वे भी
तो साँस लूँ और उठाऊँ कौर
फिर जाऊँ किसी और ठौर

होते हैं कवि और कथाकार और आलोचक
जिनके शब्द और वाक्य नहीं
समाज का व्याकरण बनाता है जिन्हें
वे उदाहरण भी कम नहीं
समाज अपनी रबर से मिटाता रहता है जिन्हें निरन्तर
जैसे पेंसिल की कोई लकीर ज्यामिति से बाहर को जाती हुई
या स्लेट पर जैसे कोई मुकर्रर हर्फ़

महान् है समाज, जैसे सब कहते हैं, तो मैं भी कहता हूँ
इसी समाज ने बनाया था गाँधी को, लेनिन को, बुद्ध,
पिकासो और ग़ालिब इत्यादि को
हालाँकि प्रतिवाद में धीरे से यह भी कहता हूँ
प्रयत्न करता हुआ कि कोई और न सुन ले
कि इसका उलटा ज़रा ज़्यादा सच है
कि दरअसल ग़ालिब और गाँधी ने ही बनाया था अपने
समय का समाज

भले ही वह कुछ ही दिन चला
वह समाज ही तो था जिसने बनाया था हिटलर को
अपने सारे वैभव, तकनीक, प्रतिभा और प्रतिहिंसा के साथ
और फिर उसने भी बनाया एक ऐसा समाज जिसमें ईश्वर
को मरा हुआ
सबसे पहले घोषित किया गया
वह भी कोई समाज ही था जिसमें समूची करुणा को अपनी
देह में भरे
अपनी यन्त्रणा में ऐंठते एक मनुष्य को कील ठोंककर टाँग
दिया गया था
लकड़ी के फट्टों पर
और गिद्धों और कीड़ों से बचाने उसे कोई नहीं आया था
उसका शव तक स्वीकारने से मुकर गया था समाज

आज के अपने समय में वे चेहरे हम देखते हैं हर रोज़
हमारा समाज अपने तमाम उपक्रमों, पूँजी, ताक़त,
और तकनीक के साथ जिन्हें बना रहा है
और उस समाज को भी तो देखते ही हैं जो
तत्परता के साथ वे चेहरे बनाते जा रहे हैं हमारे चारों
तरफ़ हर रोज़

वह एक कम्युनिस्ट समाज ही था जिसने लेनिन या गोर्की
को बनाया था
लेकिन वह भी तो एक कम्युनिस्ट समाज ही था
जिसने बनाया चाउशेस्क्यु और पोलपोत को
निस्सन्देह वह एक लोकतान्त्रिक समाज ही था जिसमें
एक बढ़ई का लड़का बन गया था प्रेसिडेंट
और एक नीग्रो एक दिन निर्भय भविष्य का स्वप्न देखने लगा
था

और यह भी तो वही समाज है जिसने रचना है सभ्यता के
इतिहास के
सबसे हिंस्त्र और बर्बर मसखरे को
वह हिन्दवी समाज था सुन लें,
जिसमें था कोई खुसरो, कोई कबीर, कोई मीर तक़ी मीर
कोई कबीर, कोई प्रेमचन्द
और यह भी वही समाज है जिसने बनाया है, ख़ैर छोड़िए
रोटी और रोज़ी नहीं, प्राण को भी बाधा है

डरा हुआ खड़ा हूँ मैं ईश्वर के सामने करबद्ध प्रार्थना में
भयभीत
जानता हुआ कि वह भी तो किसी समाज और इतिहास
की ही रचना है
लज्जित होता हुआ कि मिटने में वह क्यों इतना समय ले
रहा है
और इधर मैं अपनी पीड़ा में काँपता कि कैसे हो इस असह्य
जीवन का अन्त

पचास बरस से
अपनी ही देह में
फाँस–सा गड़ा हुआ।

ध्रुवपद

फ़क़त आवाज़ थी
आवाज़ थी...
...आ...वा...ज़...थी...
व्योम...

व्योम भी नहीं था...

सिर्फ़ आवाज़...
हर्फ़ भी नहीं कोई कि उसे लिख सके किसी इशारे की लिपि में
न पद कोई...न कोई...सबद
शब्द

कान नहीं थे
आवाज़ ही आवाज़ को सुनती थी
कण्ठ नहीं था कोई कहीं भी
आवाज़ ही अपने को बोलती थी

ख़ुद को बोलती आवाज़
ख़ुद को सुनती थी

कुच्छ भी नहीं

सिर्फ़ कोई ध्वनि एक
कोई कम्पन–सा कुछ बिना स्वरित्र का ...कम्...प...न...।

पैर नहीं थे, आँख नहीं थी
बिना पैर के चलती आवाज़ बिना आँख के
क्या क्या क्या क्या क्या देखती थी?
कुछ भी नहीं था, क़हीं भी नहीं था, हुआ नहीं कुछ भी था

कुछ भी
सिर्फ़ आवाज़
फ़क़त
आ...वा...ज़...

उसी आवाज़ से हम सात भाई शुरू करते हैं
ध्रुवपद का आलाप
ओ...म्...तो...म्...नो...म्...
ओ...म्...

उस अनहद नाद में सृष्टि को बार–बार डुबा देते हैं
ज़िया फ़रीदुद्दीन डागर

डागर
डागर...
सिर्फ़ नाद...अनहद एक
एक
आ...वा...ज़
बस और कुछ नहीं

पवित्र
ईश्वर के भी पहले का नाद

ओ...म्...अ...ो...म्... ओ...ओ...ओ...म्
गुजरात में कौसर बानो के गर्भ को चीरकर
उसके साथ रेप करके
उसके माथे पर लिखा गया
'ओम्'
उसी के ख़ून से
इस तरह
ऊँ

दरिन्दगी की बे–इन्तहा अन–हद पर
मरी हुई लहूलुहान कौसर बानो के माथे पर
नाद...अनहद...
ब्रह्माण्ड के ख़ून में
लथपथ
कौन
कौन है...पिशाच
कौन नराधम
        अधम...
                अधरमी...?
        कौन...?
        कौन...?

        हत्यारा सृष्टि का
        आवाज़ का ख़ूनी...
        कौन ख़ूनी...
                ...ख़ूनी...!!

...हत्यारा...आ...आ...??

फ़ासिस्ट...फ़ासिस्ट...
क़ाफ़िर...!!!
तहरीक़ की सारी बर्बरताओं को
शर्मिन्दा करता...
कौन है?
?
वह अब भी हँसता है?
सभ्यताओं, मर्यादाओं को ग्लानि में डुबोता
क़ाफ़िर...फ़ासिस्ट
कौन...?...कौन?
???
सात भाई डागर...नौ भाई डागर...
सुनो हज़ार...लाख
करोड़ भाई डागर...
करोड़ों–करोड़ भाई डागर
हम सब डागर...
ज़ेहाद...!
ज़े...हा...द!!
हमें चाहिए
ज़ेहाद

एक असली
सच्चा
धर्मयुद्ध

सबसे मुक़द्दस
सबसे पहली
पहली से पहली

सबसे पवित्र आवाज़ की हिफ़ाज़त में
एक सच्चा ज़ेहाद,...एक धर्मयुद्ध,

एक नया इन्क़लाब
कौसर बानो के
उस अजन्मे की आवाज़ गूँजेगी हमारे भीतर अब सदा
सारी कायनात
समूची सृष्टि
सारे हर्फ़ों...सारी लिपियों में
    हिन्दी की सारी किताबों में
        गूँजेगी वो आवाज़
समूचे व्योम में सदा...सदा...
कौसर बानो के
उस अजन्मे की आवाज़...
            सदा...सदा

जन्म के पहले की आवाज़
            अज...अज...
            ब्रह्म...ब्रह्म...
कान के होने के पहले...आँख के होने के पहले,
कण्ठ के होने के पहले
होने के होने के पहले की आवाज़

ईश्वर के भी पहले तक गूँजेगी
कौसर बानो के गर्भ के अजन्मे की आवाज़
            अजन्मा...
            अज...
                अज...
                ...ब्रह्म...ब्रह्म
                ब्रह्म...!

ब्रह्म का ख़ून...!!
ब्रह्म–हत्या...
        ह...त्या...आ...आ...आ
        आ...!!
मरी हुई कौसर बानो का माथा
कौंधेगा बार–बार हमारी आत्मा
के व्योम में... अतल में

        तल के भी
                आर...पार

ज़िया फ़रीदुद्दीन डागर
आप शुरू कीजिए अपना आलाप
सबसे मुक़द्दस
गंगा से भी निर्मल...
पवित्रतम्
अनहद नाद

    हम करेंगे धर्मयुद्ध
        एक सच्चा ज़ेहाद
काफ़िरों के...दरिन्दों के...शैतान के कारिन्दों के ख़िलाफ़

एक रिवोल्यूशन...
...एक सच्चा इन्क़लाब!!

आमीन!

आँकड़े

अब से तक़रीबन पचास साल हो गये होंगे
जब कहा जाता है कि गाँधी जी ने अपने अनुयायियों से कहीं कहा था
सोचो अपने समाज के आख़िरी आदमी के बारे में
करो जो उसके लिए तुम कर सकते हो
उसका चेहरा हर तुम्हारे कर्म में टँगा होना चाहिए
तुम्हारी आँख के सामने

अगर भविष्य की कोई सत्ता कभी यातना दे उस आख़िरी आदमी को
तो तुम भी वही करना जो मैंने किया है अंग्रेज़ों के साथ

आज हम सिर्फ़ अनुमान ही लगा सकते हैं कि
यह बात कहाँ कही गयी होगी
किसी प्रार्थना सभा में या किसी राजनीतिक दल की किसी मीटिंग में
या पदयात्रा के दौरान थककर किसी जगह पर बैठते हुए या अपने अख़बार में लिखते हुए
लेकिन आज जब अभिलेखों को संरक्षित रखने की
तकनीक इतनी विकसित है
हम आसानी से पा सकते हैं उसका सन्दर्भ

उसकी तारीख़ और जगह के साथ
बाद में, उन्नीस सौ अड़तालीस की घटना का ब्योरा
हम सबको पता है

सबसे पहले मारा गया गाँधी को
और फिर शुरू हुआ लगातार मारने का सिलसिला
अभी तक हर रोज़ चल रही हैं सुनियोजित गोलियाँ
हर पल जारी हैं दुरभिसन्धियाँ
हर रोज़ होता है जलियाँवाला बाग़

पचास साल तक समाज के आख़िरी आदमी की सारी हत्याओं का
आँकड़ा कौन छुपा रहा है?
कौन है जो कविता में रोक रहा है उसका वृत्तान्त?
समकालीन संस्कृति में कहाँ छुपा है अपराधियों का वह एजेंट?

एक भाषा हुआ करती है

एक भाषा हुआ करती है

(भाषा–शृंखला की पहली कविता)

एक भाषा हुआ करती है
जिसमें जितनी बार मैं लिखना चाहता हूँ 'आँसू' से मिलता–जुलता कोई शब्द
हर बार बहने लगती है रक्त की धार

एक भाषा है जिसे बोलते वैज्ञानिक और समाजविद् और तीसरे दर्ज़े के जोकर
और हमारे समय की सम्मानित वेश्याएँ और क्रान्तिकारी सब शरमाते हैं
जिसके व्याकरण और हिज्जों की भयावह भूलें ही
कुलशील, वर्ग और नस्ल की श्रेष्ठता प्रमाणित करती हैं

बहुत अधिक बोली–लिखी, सुनी–पढ़ी जाती,
गाती–बजाती एक बहुत कमाऊ और बिकाऊ बड़ी भाषा
दुनिया के सबसे बदहाल और सबसे असाक्षर, सबसे ग़रीब और सबसे ख़ूँख्वार,
सबसे काहिल और सबसे थके–लुटे लोगों की भाषा,
अस्सी करोड़ या नब्बे करोड़ या एक अरब भुक्खड़ों, नंगों और ग़रीब
लफंगों की जनसंख्या की भाषा,

वह भाषा जिसे वक़्त ज़रूरत तस्कर, हत्यारे, नेता, दलाल,
अफ़सर, भडुए,
रंडियाँ और कुछ जुनूनी नौजवान भी बोला करते हैं

वह भाषा जिसमें लिखता हुआ हर ईमानदार कवि पागल
हो जाता है
आत्मघात करती हैं प्रतिभाएँ
'ईश्वर' कहते ही आने लगती है अक्सर बारूद की गन्ध

जिसमें पान की पीक है, बीड़ी का धुआँ, तम्बाकू का झार,
जिसमें सबसे ज़्यादा छपते हैं दो कौड़ी के महँगे
लेकिन सबसे ज़्यादा लोकप्रिय अख़बार
सिफ़त मगर यह कि इसी में चलता है
कैडबरीज़, सांडे का तेल, सुज़ूकी, पिज़ा, आटा–दाल और
स्वामी जी और हाई साहित्य और सिनेमा और राजनीति
का सारा बाज़ार

एक हौलनाक विभाजक रेखा के नीचे जीने वाले
सत्तर करोड़ से ज़्यादा लोगों के
आँसू और पसीने और ख़ून में लिथड़ी एक भाषा
पिछली सदी का चिथड़ा हो चुका डाकिया अभी भी जिसमें
बाँटता है
सभ्यता के इतिहास की सबसे असभ्य और सबसे दर्दनाक
चिट्ठियाँ

वह भाषा जिसमें नौकरी की तलाश में भटकते हैं भूखे दरवेश
और एक किसी दिन चोरी या दंगे के जुर्म में गिरफ़्तार
कर लिए जाते हैं
जिसकी लिपियाँ स्वीकार करने से इनकार करता है

इस दुनिया का समूचा सूचना संजाल
आत्मा के सबसे उत्पीड़ित और विकल हिस्से में जहाँ जन्म लेते हैं शब्द
और किसी मलिन बस्ती के अथाह गूँगे कुएँ में डूब जाते हैं चुपचाप
अतीत की किसी कन्दरा से एक अज्ञात सूक्ति को अपनी व्याकुल
थरथराहट में थामे लौटता है कोई जीनियस
और घोषित हो जाता है सार्वजनिक तौर पर पागल
नष्ट हो जाती है किसी विलक्षण गणितज्ञ की स्मृति
नक्षत्रों को शताब्दियों से निहारता कोई महान् खगोलविद्
भविष्य भर के लिए अन्धा हो जाता है
सिर्फ़ हमारी नींद में सुनाई देती रहती है उसकी अनन्त बड़बड़ाहट...
मंगल...शुक्र...बृहस्पति
सप्तर्षि...अरुन्धति...ध्रुव...
हम स्वप्न में डरे हुए देखते हैं टूटते उल्का पिण्डों की तरह
उस भाषा के अन्तरिक्ष से
लुप्त होते चले जाते हैं एक-एक कर सारे नक्षत्र

भाषा जिसमें सिर्फ़ कूल्हे मटकाने और स्त्रियों को
अपनी छाती हिलाने की छूट है
जिसमें दण्डनीय है विज्ञान और अर्थशास्त्र और शासन से सम्बन्धित विमर्श
प्रतिबन्धित हैं जिसमें ज्ञान और सूचना की प्रणालियाँ
वर्जित हैं विचार

वह भाषा जिसमें की गयी प्रार्थना तक
घोषित कर दी जाती है साम्प्रदायिक

वही भाषा जिसमें किसी ज़िद में अब भी करता है तप
कभी–कभी कोई शम्बूक
और उसे निशाने की जद में ले आती है हर तरह की सत्ता
की ब्राह्मण बन्दूक़

भाषा जिसमें उड़ते हैं वायुयानों में चापलूस
शॉल ओढ़ते हैं मसखरे, चाकर टाँगते हैं तमग़े
जिस भाषा के अन्धकार में चमकते हैं
किसी अफ़सर या हुक्काम या किसी पंडे के सफ़ेद दाँत और
तमाम मठों पर नियुक्त होते जाते हैं बर्बर बुलडॉग

अपनी देह और आत्मा के घावों को और तो और
अपने बच्चों और पत्नी तक से छुपाता
राजधानी में कोई कवि जिस भाषा के अन्धकार में
दिन–भर के अपमान और थोड़े से अचार के साथ
खाता है पिछले रोज़ की बची हुई रोटियाँ
और मृत्यु के बाद पारिश्रमिक भेजने वाले किसी राष्ट्रीय
अख़बार या
मुनाफ़ाखोर प्रकाशक के लिए
तैयार करता है एक और नयी पाण्डुलिपि

यह वही भाषा है जिसको इस मुल्क में हर बार कोई शरणार्थी,
कोई तिजारती, कोई फिरंग
अटपटे लहजे में बोलता और जिसके व्याकरण को रौंदता
तालियों की गड़गड़ाहट के साथ दाख़िल होता है इतिहास में
और बाहर सुनाई देता रहता है वर्षों तक आर्तनाद

सुनो दायोनीसियस, कान खोलकर सुनो

यह सच है कि तुम विजेता हो फ़िलहाल, एक अपराजेय हत्यारे
हर छठे मिनट पर तुम काट देते हो इस भाषा को बोलने वाली एक और जीभ
तुम फ़िलहाल मालिक हो कटी हुई जीभों, गूँगे गुलामों और दोग़ले एजेंटों के विराट् संग्रहालय के
तुम स्वामी हो अन्तरिक्ष में तैरते कृत्रिम उपग्रहों, ध्वनि तरंगों,
संस्कृतियों और सूचनाओं
हथियारों और सरकारों के
यह सच है

लेकिन देखो,
हर पाँचवें सेकेंड पर इसी पृथ्वी पर जन्म लेता है एक और बच्चा
और इसी भाषा में भरता है किलकारी

और
कहता है–'माँ'!

माँ

अपने गाँव में मेरा आना
एक अजीब–से वाक्य के मध्य में हुआ था

वह वाक्य जिसके द्वारा मैं पृथ्वी पर सम्भव हुआ
उसमें कोई क्रियापद नहीं था
न कोई कर्त्ता, न सहायक क्रिया, न अन्त में कोई खड़ी पायी

जब मैं बोला तो पहले घर और फिर गाँव वालों ने जाना
कि मैं आ गया हूँ
इसके बाद ही गाना–बजाना हुआ
आँगन में चाची और फुआ ने सोहर गाये
फूफा और भाई ने फोड़े पटाखे
बहनें सुरसुरिया जलाकर तिनगियों के नन्हे–नन्हे फूल बिखेरतीं
सारे गाँव में दौड़ती फिरीं

आज आधी से भी अधिक सदी के बाद मेरी धुँधली पड़ती स्मृति में
उस समय के उल्लास और कोलाहल की असंख्य ध्वनियाँ हैं
पहली बार सुनी गयी दुनिया की भाषा है

जिसमें अनगिनत समाप्त होते सम्पूर्ण वाक्य हैं
असंख्य क्रियापदों, कर्त्ताओं,
विशेषणों और कालवाची सहायक क्रियाओं वाले
श्लेष और दुर्गम वक्रोक्तियों से लदे–फदे वाक्य
जिनसे चलता है सारा कारोबार
व्यापार और सरकार

अचरज है कि आज तक
जब भी घिरता हूँ मैं अँधेरे और अकेलेपन में अपनी जर्जरता के साथ
हर बार पता नहीं कहाँ से चला आता है वही पहला वाक्य
मेरी ओर अपने व्याकुल हाथ बढ़ाता हुआ

वही पहला वाक्य
जिसके मध्य में मैं इस धरती पर आया
और जिसमें एक ही शब्द था
फ़क़त एक व्यंजन और उसी में विलीन होता एक स्वर
बिना किसी विराम के सौरमण्डल के अनन्त तक जाता हुआ

अचरज यह कि दुनिया की सभी भाषाओं के सभी शब्दकोशों में
मौजूद था वह शब्द
लेकिन किसी भी व्याकरण ने उसे
एक समूचे वाक्य का दर्जा नहीं दिया था
आप बतायेंगे क्यों?

और यह भी कि आख़िर आप किस वाक्य के बीचोबीच
अपने शहर या पृथ्वी पर आये थे?

बिरजित ख़ान

(स्व. शैलेश मटियानी के लिए)

हिन्दी में हम
जैसे बिरजित ख़ान कन्धार के मैदान में

अपनी भेड़ों के साथ जंगल, खेत, दर्रों और पहाड़ों में भटकता

अपनी ही भाषा के भूगोल में
बिरजित ख़ान

बिरजित ख़ान
गड़रिया

रात के मैदान में चन्द्रमा की परछाईं में
सोया बिरजित ख़ान
नींद में डूबी थकी भेड़ों और रुई की गठरियों की तरह
दूर–दूर हिलते–डुलते मेमनों के बीच ख़ुद
जैसे धुँधला–सा चन्द्रमा

बिरजित ख़ान

अचानक
रात के आकाश में टूटती उल्काओं की तरह आते हैं
पश्चिम से बमबार
बिजलियों की तरह गरजते
लहूलुहान माथा, टूटी हुई बाँह, चिथड़ी हुई आत्मा
अब सिर्फ़ एक बेचैन कबन्ध भर है
बिरजित ख़ान

ख़ून में नहाये मेमने
जैसे गोधूलि की अन्तिम किरणों में रँगी हुई
बदलों की लाल लाल लाल गठरियाँ

मेमेनों और भेड़ों के शवों के बीच
चीख़ता है बिरजित ख़ान
जैसे चीख़ते हैं हम
अपनी ही भाषा के भीतर

हिन्दी में हम
जैसे कन्धार में बिरजित ख़ान

जैसे बामियान में बुद्ध
जैसे नज़फ़ में तितली
जैसे दज़ला में फूल

फ़रात में कश्ती

गुजरात में

वली दकनी
अपनी ही भाषा के भूगोल में
हम सब बिरजित ख़ान
....
गड़रिए!

(बिरजित ख़ान उस गड़रिए का नाम था, जो अफ़ग़ानिस्तान में अमेरिकी बमबारी के दौरान अपनी भेड़ों के साथ घायल हुआ था। उस हाल में भी वह अपने लिए नहीं, मेमनों और भेड़ों के लिए चीख़ रहा था। इस घटना की ख़बर टी.वी. या व्यावसायिक अख़बारों ने नहीं, मानवाधिकारों और शान्ति के पक्ष में पत्रकारिता कर रहे प्रख्यात पत्रकार रॉबर्ट फिस्क ने दी थी।)

...और अन्त में

एक अकेले का गाना

धन्य प्रिया तुम जागीं,
ना जानो दुःखभरी रैन में कब तेरी अँखियाँ लागीं।

जीवन नदिया, बैरी केवट, पार न कोई अपना
घाट पराया, देस बिराना, हाट–बाट सब सपना।
क्या मन की, क्या तन की, किहनी अपनी अँसुअन पागी।।
धन्य प्रिया...

दाना–पानी, ठौर–ठिकाना, कहाँ बसेरा अपना
निस दिन चलना, पल–पल जलना, नींद भई इक छलना।
पाखी रूँख न पायें, अँखियाँ बरस–बरस की जागीं।। धन्य प्रिया...

प्रेम न साँचा, शपथ न साँचा, साँच न संग हमारा
एक साँस का जीवन सारा, बिरथा का चौबारा।
जीवन के इस पल फिर तुम क्यों जनम–जनम की लागीं।।
धन्य प्रिया...

धन्य प्रिया तुम जागीं,
ना जाने दुःखभरी रैन में कब तेरी अँखियाँ लागीं।

❑❑